Biblioteca del Hogar Cristiano

2

La Edificación del Carácter

Como desarrollar el carácter cristiano de manera bíblica

Edición Original

Elena G. de White

Copyright ©2023

LS COMPANY

ISBN: 978-1-0881-3498-6

Contenido

Prefacio 7

Capítulo 1—Verdaderas y falsas teorías en contraste 9

    Se condena la justicia propia 10

    La sustitución del sentimiento por la razón 11

    El tiempo de prueba 12

    Es normal llevar frutos 14

    Por qué fue rechazado Cristo 15

    La mansedumbre es un fruto del espíritu 16

    Para lograr la condición de hijo 18

Capítulo 2—Un personaje ilustre 19

    Frente a la prueba 20

    No era fanático 20

    Un carácter intachable 21

    Amaba más la aprobación de Dios que la vida 22

    Dios vindica a su siervo 23

    El dominio propio como condición de la santificación 23

Capítulo 3—El dominio de los apetitos y pasiones 25

    No es una norma imposible 26

    Una ofrenda sin tacha 26

    Los estimulantes y narcóticos 28

    Deseos que batallan contra el alma 28

    El tabaco 30

Capítulo 4—Tres héroes intrépidos 33

    El secreto revelado 34

La imagen de oro 35

No temieron la ira del rey 36

En la presencia del infinito 37

Firme integridad en la vida santificada 38

Una lección para los medrosos 39

Capítulo 5—Un ejemplo de valor y fidelidad 41

Un complot satánico 41

Un ejemplo de valentía y fidelidad 42

"El Dios mío envió su ángel" 43

Capítulo 6—Resultados de la plegaria ferviente 45

Sinceridad y fervor 46

El mensajero celestial 47

Buscando sabiduría de Dios 48

Honor real para Daniel 50

Capítulo 7—La transformación del carácter de Juan ... 51

Una nueva criatura 52

Lecciones en la edificación del carácter 53

El orgullo y la ambición reprobados 55

Juan y Judas 57

Capítulo 8—La vida de un gran héroe de Dios 58

El tema favorito de Juan 59

Tristeza producida por errores ponzoñosos 60

Ninguna transigencia con el pecado 62

No existe santificación sin obediencia 62

Dios no ha cambiado 64

Capítulo 9—Un noble apóstol en el exilio 66

El testigo de Dios no fue silenciado 67

La voz de la naturaleza 68

Un observador del sábado 70

A solas con Dios 71
La majestad de Dios 72
Una visión de Cristo 73
La humildad de Juan 74

Capítulo 10—Alcancemos un carácter perfecto 76

El amor hacia Dios y el hombre 77
Imitemos al modelo 78
Es nuestro privilegio unirnos con Cristo 79
La oración de Pablo por la iglesia 80
La norma de la santidad 81
La voluntad de Dios 82

Capítulo 11—Una vida de progreso constante 84

La vida de fe 84
Resistamos la tentación 85
Mirad con el ojo de la fe 86
No silenciemos al espíritu 87
Hábitos religiosos correctos 87
El precio del alma 88
Una obra progresiva 89
Pablo prorrumpe en un cántico de triunfo 90

Prefacio

La tarea más extraordinaria y fructífera a la cual puede dedicarse un ser humano es la edificación del carácter y la formación de la personalidad. Porque en tanto que todos los demás valores de la vida son deleznables y pasajeros, pues terminan con la muerte, el carácter es lo único que perdura como expresión auténtica de la personalidad.

Ahora bien, la mejor pauta para esta interesante labor de formar un carácter armónico, equilibrado, lleno de la bondad y las gracias cristianas, la encontramos en las Sagradas Escrituras, la joya más extraordinaria de la literatura mundial, el gran Libro que contiene la revelación de la voluntad divina, el documento básico del cristianismo.

La autora de esta obra, persona profundamente piadosa, cuya vida fue un dechado de santidad, comienza presentando el contraste entre las verdaderas y falsas teorías con respecto a la excelencia del carácter, para continuar destacando ejemplos prácticos y personajes ilustres de la Biblia que, afrontando los mismos problemas y debilidades que nosotros, lograron por el poder divino y por la gracia de Cristo el perfeccionamiento de una vida que resultó útil y feliz.

Damos a la estampa esta obra con la convicción de que su lectura resultará de gran inspiración y ayuda para todos los hombres y mujeres que tienen el sincero anhelo de alcanzar las alturas de un carácter noble y santo.

Los Editores

Capítulo 1—Verdaderas y falsas teorías en contraste

La santificación que presentan las Sagradas Escrituras tiene que ver con el ser entero: el espíritu, el alma y el cuerpo. He aquí el verdadero concepto de una consagración integral. El apóstol San Pablo ruega que la iglesia de Tesalónica disfrute de una gran bendición: "Y el mismo Dios de paz os santifique por completo; y todo vuestro ser, espíritu, alma y cuerpo, sea guardado irreprensible para la venida de nuestro Señor Jesucristo". 1 Tesalonicenses 5:23.

Existe en el mundo religioso una teoría sobre la santificación que es falsa en sí misma, y peligrosa en su influencia. En muchos casos, aquellos que profesan poseer la santificación no conocen esa experiencia en forma genuina. Los que en verdad tratan de perfeccionar un carácter cristiano nunca acariciarán el pensamiento de que no tienen pecado. Su vida puede ser irreprochable, pueden ser representantes vivos de la verdad que han aceptado; pero cuanto más disciplinen su mente para espaciarse en el carácter de Cristo, y cuanto más se acerquen a la divina imagen del Salvador, tanto más claramente discernirán la impecable perfección de Jesús, y más hondamente sentirán sus propios defectos.

Cuando algunas personas pretenden estar santificadas, con eso dan suficiente evidencia de que están muy lejos de la santidad. Dejan de ver sus propias debilidades y su indigencia. Consideran que ellos reflejan la imagen de Cristo, porque no tienen un verdadero conocimiento de él. Cuanto mayor es la distancia entre ellos y su Salvador, tanto más justos aparecen a sus propios ojos.

Cuando meditamos con arrepentimiento y humilde conciencia en Jesús, a quien traspasaron nuestros pecados y a quien agobiaron nuestros dolores, podemos aprender a andar en sus pasos. Contemplándolo nos transformamos a su divina imagen. Y cuando esta obra se realice en nosotros, no pretenderemos que en nosotros mismos haya justicia, sino que exaltaremos a Cristo Jesús, mientras permitimos que nuestra alma indefensa dependa de sus méritos.

Se condena la justicia propia

Nuestro Salvador siempre condenó la justicia propia. Enseñó a sus discípulos que el tipo más elevado de religión es aquel que se manifiesta de una manera silenciosa y modesta. Les advirtió que debían realizar sus actos de caridad en forma silenciosa; no para la ostentación, no para ser alabados u honrados por los hombres, sino para la gloria de Dios, esperando su recompensa en el más allá. Si realizaban buenas obras para ser alabados por los hombres, no recibirían ninguna recompensa de parte de su Padre celestial.

A los seguidores de Cristo se les enseñó a no orar con el propósito de ser escuchados por los hombres. "Mas tú, cuando ores, entra en tu aposento, y cerrada la puerta, ora a tu Padre que está en secreto; y tu Padre que ve en lo secreto te recompensará en público". Mateo 6:6. Expresiones tales como éstas, que salieron de los labios de Jesús, muestran que él no consideraba con aprobación ese tipo de piedad tan común entre los fariseos. Las enseñanzas que profiriera sobre el monte muestran que los hechos de benevolencia asumen una forma noble, y los actos de culto religioso difunden una preciosa fragancia, cuando se realizan sin pretensiones, con humildad y contrición. El motivo puro santifica el acto.

La verdadera santificación es una completa conformidad con la voluntad de Dios. Los pensamientos y sentimientos rebeldes son vencidos, y la voz de Jesús despierta una nueva vida que impregna el ser entero. Los que están verdaderamente santificados no presentarán su propia opinión como una norma para medir lo correcto y lo erróneo. No son fanáticos ni justos en su propia opinión, sino que recelan de sí mismos y están siempre temerosos, no sea que, al faltar alguna promesa, se deba a que ellos hayan dejado de cumplir con las condiciones sobre las cuales se basa.

La sustitución del sentimiento por la razón

Muchos que profesan santificación son totalmente ignorantes de la obra de gracia que se realiza en el corazón. Cuando son probados, se los encuentra como el fariseo: justos en su propia opinión. No soportan ninguna contradicción. Prescinden de la razón y el juicio, y dependen totalmente de sus sentimientos, basando sus pretensiones de santificación sobre las emociones que tengan en una oportunidad determinada. Son tercos y perseveran en sus propias y tenaces pretensiones de santidad, usando muchas palabras, pero sin llevar el fruto precioso como prueba. Esas personas que profesan ser santas no solamente están engañando sus propias almas con sus pretensiones, sino que ejercen una influencia que desvía a muchos que desean fervientemente conformarse con la voluntad de Dios. Se los puede escuchar reiterar una y otra vez: "¡Dios me guía! ¡Dios me guía! Vivo sin pecado". Muchos que se relacionan con este espíritu se encuentran con algo oscuro y misterioso que no pueden comprender. Pero es precisamente aquéllo lo que difiere totalmente de Cristo, el único modelo verdadero.

La santificación bíblica no consiste en una poderosa emoción. He aquí donde muchos son inducidos a error. Hacen que sus sentimientos constituyan su criterio. Cuando se sienten alborozados o felices, pretenden que están santificados. Los sentimientos felices o la ausencia de gozo no es evidencia ninguna de que una persona está o no está santificada. No existe tal cosa como santificación instantánea. La verdadera santificación es una obra diaria, que continúa por toda la vida. Los que están luchando con tentaciones cotidianas, venciendo sus propias tendencias pecaminosas, y buscando la santificación del corazón y la vida, no realizan ninguna pretensión ostentosa de santidad. Tienen hambre y sed de justicia. El pecado les parece excesivamente pecaminoso.

Hay personas que pretenden ser santas y que profesan creer la verdad como sus hermanos y puede ser difícil hacer una distinción entre ellos; pero la diferencia existe, sin embargo. El testimonio de aquellos que pretenden tener una experiencia exaltada hará que el dulce espíritu de Cristo se retire de una reunión, y eso dejará una influencia congeladora sobre los creyentes, mientras que si estuvieran viviendo verdaderamente sin pecado, su propia presencia atraería a los ángeles santos a la asamblea, y sus palabras serían seguramente como "manzana de oro con figuras de plata". Proverbios 25:11.

El tiempo de prueba

En verano, al mirar a los árboles del bosque lejano, todos arropados con un hermoso manto de verdor, es posible que no podamos distinguir entre los árboles de hojas perennes y las demás especies. Pero cuando se acerca el invierno, y el rey de la escarcha los aprisiona en su helado abrazo, despojando a los otros árboles de su hermoso follaje, las especies de hoja perenne se disciernen con facilidad. Tal ocurrirá con todos los que andan en humildad, desconfiados de sí mismos, pero asiéndose temblorosamente de la mano de Cristo. En tanto que los que confían en sí mismos, y dependen de su propia perfección de carácter, pierden su falso manto de justicia cuando son expuestos a las tormentas de la prueba, los que son verdaderamente justos y con sinceridad aman y temen a Dios, lucen el manto de la justicia de Cristo tanto en la prosperidad como en la adversidad.

La abnegación, el sacrificio propio, la benevolencia, la bondad, el amor, la paciencia, la fortaleza y la confianza cristiana son los frutos cotidianos que llevan aquellos que están realmente vinculados con Dios. Sus actos pueden no ser publicados al mundo, pero ellos están luchando todos los días contra el mal, ganando preciosas victorias contra la tentación y el error. Votos solemnes son renovados, y cumplidos por la fuerza obtenida mediante la oración fervorosa y la constante vigilancia. La persona ardiente y entusiasta no discierne las luchas de estos obreros silenciosos; pero el ojo de Aquel que ve los secretos del corazón, nota y considera con aprobación todo esfuerzo realizado con humildad y mansedumbre. Es el tiempo de prueba el que revela el oro puro del amor y la fe en el carácter. El celo perseverante y el afecto cálido de los verdaderos seguidores de Cristo se desarrollan cuando vienen sobre la iglesia pruebas y perplejidades.

Nos entristece ver a cristianos profesos que son desviados por la falsa y fascinante teoría de que ellos son perfectos, pues resulta muy difícil desengañarlos y guiarlos por la senda recta. Han tratado de hacer el adorno exterior hermoso y agradable, mientras falta el interior, es a saber la mansedumbre y la humildad de Cristo. Todos pasarán por el tiempo de prueba, y en esa ocasión, las esperanzas de muchos que durante años se han sentido seguros, resultarán no tener fundamento. Cuando se los coloca en nuevas posiciones, bajo variadas circunstancias, algunos que han parecido ser pilares en la casa de Dios revelan que son madera podrida debajo de la pintura y el barniz. El humilde de corazón, que diariamente ha sentido la importancia de unir su alma con la Roca eterna, permanecerá incólume en medio de las tempestades de la prueba, porque no confió en sí mismo. "El fundamento de Dios está firme, teniendo este sello: Conoce el Señor a los que son suyos". 2 Timoteo 2:19.

Es normal llevar frutos

Los que se esfuerzan por llamar la atención a sus buenas obras, hablando constantemente de su condición sin pecado, y tratando de destacar sus conquistas religiosas, están solamente engañando sus propias almas al hacerlo. Un hombre sano que puede atender los trabajos comunes de la vida, y que va a sus tareas día tras día con espíritu alegre y con una vigorosa corriente de sangre que fluye por sus venas, no les llama la atención a todas las personas con quienes se encuentra, sobre la buena salud de que disfruta. La salud y el vigor son condiciones naturales de su vida, y por lo tanto apenas tiene conciencia de que está gozando de tan rico don.

Tal ocurre con el hombre verdaderamente justo. Es inconsciente de su bondad y piedad. Los principios religiosos han llegado a ser la fuente de su vida y su conducta, y es tan natural para él llevar los frutos del Espíritu, como es para la higuera producir higos, o para el rosal dar rosas. Su naturaleza está tan completamente imbuida del amor por Dios y sus semejantes, que hace las obras de Cristo con un corazón voluntario.

Todos los que entran en la esfera de su influencia perciben la hermosura y la fragancia de la vida cristiana, mientras que él mismo es inconsciente de ella, puesto que está en armonía con sus hábitos y sus inclinaciones. Ora por luz divina, y le gusta vivir en armonía con esa luz. Su comida y su bebida es hacer la voluntad de su Padre celestial. Su vida está escondida con Cristo en Dios; sin embargo no se jacta de esto, ni parece consciente de ello. Dios acepta al hombre humilde que sigue de cerca en los pasos del Maestro. Los ángeles son atraídos a él, y a ellos les agrada detenerse a lo largo de su senda. Pueden ser pasados por alto como indignos de que se les dedique atención por aquellos que pretenden haber logrado exaltadas conquistas, y que se deleitan en hacer prominentes sus buenas obras; pero los ángeles celestiales se inclinan con amor sobre ellos y son como muro de fuego que los circunda.

Por qué fue rechazado Cristo

Nuestro Salvador era la luz del mundo; pero el mundo no lo conoció. Estaba constantemente ocupado en obras de misericordia, proyectando luz sobre la senda de todos; sin embargo no pidió a aquellos con los cuales se relacionaba que contemplaran su virtud inigualable, su abnegación, su espíritu de sacrificio y su benevolencia. Los judíos no admiraban una vida tal. Ellos consideraban su religión sin valor, porque no estaba de acuerdo con su norma de piedad; decidieron que Cristo no era religioso en espíritu o en carácter; porque la religión de ellos consistía en ostentación, en orar en público y en hacer obras de caridad por causa del efecto. Proclamaban con trompeta sus buenas obras, como lo hacen los que pretenden poseer la santificación. Querían que todos entendieran que ellos no tenían pecado. Pero toda la vida de Cristo se hallaba en directo contraste con esto. No buscaba ni ganancia ni honores. Sus maravillosos actos de sanamiento eran realizados de la manera más silenciosa posible, aunque él no podía restringir el entusiasmo de aquellos que eran los recipientes de sus grandes bendiciones. La humildad y la mansedumbre caracterizaron su vida. Y fue debido a su conducta humilde y a sus maneras modestas, que se hallaban en tan señalado contraste con las de los fariseos, por lo que éstos no quisieron aceptarlo.

La mansedumbre es un fruto del espíritu

El más precioso fruto de la santificación es la gracia de la mansedumbre. Cuando esta gracia preside en el alma, la disposición es modelada por su influencia. Hay un constante esperar en Dios, y una sumisión a la voluntad divina. La comprensión capta toda verdad divina, y la voluntad se inclina ante todo precepto de Dios, sin dudar ni murmurar. La verdadera mansedumbre suaviza y subyuga el corazón, y adecua la mente a la palabra implantada. Coloca los pensamientos en obediencia a Jesucristo. Abre el corazón a la Palabra de Dios, como fue abierto el corazón de Lidia. Nos coloca, junto con María, como personas que aprenden a los pies de Jesús. "Encaminará a los humildes por el juicio, y enseñará a los mansos su carrera". Salmos 25:9.

El lenguaje de la mansedumbre nunca es el de la jactancia. Como el niño Samuel, los mansos elevan el ruego: "Habla, porque tu siervo oye". 1 Samuel 3:10. Cuando Josué fue colocado en la más alta posición de honor, como comandante de Israel, desafió a todos los enemigos de Dios. Su corazón estaba lleno de los nobles pensamientos de su gran misión. Sin embargo, a la intimación de un mensaje del cielo, se colocó en la posición de un niño para ser guiado. "¿Qué dice mi Señor a su siervo?" fue su respuesta. Josué 5:14. Las primeras palabras de Pablo, después que Cristo le fue revelado, son las siguientes: "Señor, ¿qué quieres que yo haga?" Hechos 9:6.

La mansedumbre en la escuela de Cristo es uno de los frutos destacados del Espíritu. Es una gracia obrada por el Espíritu Santo como santificador, y capacita a su poseedor a dominar en todo tiempo su temperamento duro e impetuoso. Cuando la gracia de la humildad es practicada por los que naturalmente son de disposición áspera y precipitada, harán los más fervientes esfuerzos para subyugar su desdichado temperamento. Todos los días obtendrán el dominio propio, hasta que resulte vencido aquello que no es amable ni semejante a Cristo. Se asimilan al Modelo divino, hasta que pueden obedecer la orden inspirada: "Todo hombre sea pronto para oír, tardo para hablar, tardo para airarse". Santiago 1:19.

Cuando un hombre profesa estar santificado, y sin embargo por sus palabras y sus obras puede ser representado por la fuente impura que arroja aguas amargas, podemos decir con seguridad acerca de él: Ese hombre está engañado. Necesita aprender el A B C de lo que constituye la vida de un cristiano. Algunos que profesan ser siervos de Cristo han albergado por tanto tiempo el demonio de la aspereza, que parecen gustar del elemento no santificado, y hallan placer en hablar palabras que desagradan e irritan. Estos hombres deben ser convertidos antes que Cristo pueda reconocerlos como sus hijos.

La mansedumbre es el adorno interior, que Dios estima de gran valor. El apóstol habla de esto diciendo que es más valioso que el oro, o perlas, o atavíos costosos. En tanto que el ornamento exterior hermosea solamente el cuerpo mortal, el adorno de la mansedumbre embellece el alma, y vincula al hombre finito con el Dios infinito. Este es el ornamento que Dios mismo escoge. Aquel que embelleció los cielos con los orbes de luz, ha prometido, por medio del mismo Espíritu, que "hermoseará a los humildes con la salvación". Salmos 149:4. Los ángeles del cielo registrarán como mejor adornados a aquellos que se vistan del Señor Jesucristo, y anden con mansedumbre y humildad.

Para lograr la condición de hijo

Al cristiano se le presenta la posibilidad de realizar grandes conquistas. Puede siempre estar ascendiendo a mayores alturas. Juan tenía una idea elevada del privilegio de un cristiano. El dice: "Mirad cuál amor nos ha dado el Padre, para que seamos llamados hijos de Dios". 1 Juan 3:1. No es posible para la humanidad elevarse a una mayor altura de dignidad que la que aquí se presenta. Al hombre se le concede el privilegio de llegar a ser heredero de Dios y coheredero con Cristo. A los que han sido así exaltados, se les revelan las inescrutables riquezas de Cristo, que son mil veces más valiosas que la riqueza del mundo. Así, por los méritos de Jesucristo, el hombre finito se eleva a la compañía con Dios y su querido Hijo.

Capítulo 2—Un personaje ilustre

El profeta Daniel fue un personaje ilustre. Era un brillante ejemplo de lo que los hombres pueden llegar a ser cuando se unen con el Dios de toda sabiduría. Se nos ha dejado un breve relato de la vida de este santo hombre de Dios para ánimo de aquellos que en lo sucesivo sean llamados a soportar pruebas y tentaciones.

Cuando el pueblo de Israel, su rey, sus nobles y sacerdotes, fueron llevados a la cautividad, se eligieron de entre ellos cuatro personas para servir en la corte del rey de Babilonia. Uno de éstos era Daniel, quien en su temprana juventud ya prometía llegar a la notable capacidad desarrollada en los años posteriores. Estos jóvenes eran todos de principesco abolengo, y se los describe como muchachos en quienes no había "tacha alguna, de buen parecer, enseñados en toda sabiduría, sabios en ciencia y de buen entendimiento, e idóneos para estar en el palacio del rey". Daniel 1:4. Percibiendo los talentos superiores de estos jóvenes cautivos, el rey Nabucodonosor determinó prepararlos para ocupar importantes posiciones en su reino. A fin de que pudieran estar plenamente capacitados para la vida en la corte, de acuerdo con la costumbre oriental había de enseñárseles el idioma de los caldeos, y debían estar sujetos durante tres años a un curso completo de disciplina física e intelectual.

Los jóvenes que se hallaban en esta escuela de preparación no solamente debían ser admitidos en el palacio real, sino se había hecho provisión para que comieran de la carne, y bebieran del vino de la mesa del rey. En todo esto el rey consideraba que no solamente estaba concediéndoles un gran honor, sino también proporcionándoles el mejor desarrollo físico y mental que pudieran lograr.

Frente a la prueba

Entre las viandas colocadas ante el rey había carne de cerdo y otras carnes declaradas inmundas por la ley de Moisés, y que a los hebreos les habían sido expresamente prohibidas como alimento. Aquí Daniel fue colocado en una severa prueba. ¿Se adheriría él a las enseñanzas de sus padres concernientes a las carnes y bebidas, y ofendería al rey y probablemente perdería no solamente su posición sino también su vida? ¿O desobedecería el mandamiento del Señor, y retendría el favor del rey, obteniendo así grandes ventajas intelectuales y las más halagüeñas perspectivas mundanas?

Daniel no dudó por mucho tiempo. Decidió permanecer firme en su integridad, cualquiera fuera el resultado. "Propuso en su corazón no contaminarse con la porción de la comida del rey, ni con el vino que él bebía". Daniel 1:8.

No era fanático

Hay muchos entre los profesos cristianos hoy que considerarían a Daniel demasiado exigente, y lo clasificarían como estrecho o fanático. Ellos consideran el asunto de comer y beber como de poca consecuencia para exigir una norma tan decidida, que envolvía el probable sacrificio de toda ventaja terrenal. Pero aquellos que razonan así encontrarán en el día del juicio que se han apartado de los expresos mandatos de Dios, y en cambio han establecido su propia opinión como una norma de lo correcto e incorrecto.

Encontrarán que lo que les parecía de poca importancia no era considerado así por Dios. Los requerimientos divinos deben ser sagradamente obedecidos. Los que aceptan y obedecen uno de los preceptos de Dios porque es conveniente hacerlo, mientras que rechazan otro porque su observancia requeriría sacrificio, bajan la norma de la justicia, y por su ejemplo inducen a otros a considerar livianamente la santa Ley de Dios. El "así ha dicho el Señor," ha de ser nuestra regla en todas las cosas.

Un carácter intachable

Daniel estaba sujeto a las más severas tentaciones que pueden asaltar a los jóvenes de hoy en día; sin embargo era fiel a la instrucción religiosa recibida en los primeros años. Se hallaba rodeado por influencias calculadas para trastornar a los que vacilasen entre los principios y las inclinaciones; sin embargo, la Palabra de Dios lo presenta como de un carácter intachable. Daniel no osó confiar en su propio poder moral. La oración era para él una necesidad. Hizo de Dios su fortaleza, y el temor del Señor estaba constantemente delante de él en todas las transacciones de la vida.

Daniel poseía la gracia de la genuina mansedumbre. Era leal, firme y noble. Trató de vivir en paz con todos, y sin embargo era imposible de torcer, como el glorioso cedro, dondequiera que hubiera un principio envuelto. En todo lo que no ofreciera conflicto con su lealtad a Dios, era respetuoso y obediente hacia aquellos que tenían autoridad sobre él; pero poseía un concepto tan alto de las exigencias divinas que los requerimientos de los gobernantes terrenales eran colocados en un lugar subordinado. Ninguna consideración egoísta lo inducía a desviarse de su deber.

El carácter de Daniel es presentado al mundo como un notable ejemplo de lo que la gracia de Dios puede hacer por los hombres caídos por naturaleza y corrompidos por el pecado. El relato que tenemos de su vida noble y abnegada es un motivo de aliento para el común de los hombres. De él podemos obtener fuerza para resistir noble y firmemente la tentación, y con la gracia de la mansedumbre, perseverar en todo lo recto, bajo la más severa prueba.

Amaba más la aprobación de Dios que la vida

Daniel podría haber encontrado una excusa plausible para apartarse de sus hábitos estrictamente temperantes; pero la aprobación de Dios era más cara para él que el favor del más poderoso potentado terrenal, más cara aún que la vida misma. Habiendo obtenido, por su conducta cortés, el favor de Melsar, el funcionario que estaba a cargo de los jóvenes hebreos, Daniel solicitó para él y sus compañeros la franquicia de no comer de la comida del rey, ni del vino de su beber. Melsar temía que si accedía a este pedido, incurriría en el desagrado del rey, y así pondría en peligro su propia vida. Como muchos en el día de hoy, pensaba que un régimen frugal haría que estos jóvenes aparecieran pálidos y enfermizos, y fueran deficientes en fuerza muscular, en tanto que el alimento abundante de la mesa del rey los haría sonrosados y hermosos, y promovería la actividad física y mental.

Daniel pidió que el asunto fuera decidido después de una prueba de diez días: a los jóvenes hebreos, durante este breve período, se les permitiría comer alimentos sencillos, en tanto que sus compañeros participarían de los alimentos dedicados al rey. Por fin el pedido fue concedido, y Daniel se sintió seguro de que había ganado su causa. Aunque era sólo un joven, había visto los efectos perjudiciales del vino y de una vida lujuriosa sobre la salud física y mental.

Dios vindica a su siervo

Al final de los diez días el resultado fue completamente opuesto a las expectativas de Melsar. No solamente en la apariencia personal, sino en la actividad y el vigor físicos y mentales, los que habían sido temperantes en sus hábitos exhibieron una notable superioridad sobre sus compañeros que habían complacido el apetito. Como resultado de esta prueba, Daniel y sus asociados recibieron el permiso de continuar su sencillo régimen alimentario durante todo el curso de educación que siguieran para los deberes del reino.

El Señor consideró con aprobación la firmeza y la abnegación de estos jóvenes hebreos, y su bendición los acompañó. "Dios les dio conocimiento e inteligencia en todas las letras y ciencias; y Daniel tuvo entendimiento en toda visión y sueños". Daniel 1:17. A la expiración de los tres años de educación, cuando su capacidad y sus adquisiciones fueron probadas por el rey, "no fueron hallados entre todos ellos otros como Daniel, Ananías, Misael y Azarías; así, pues, estuvieron delante del rey. En todo asunto de sabiduría e inteligencia que el rey les consultó, los halló diez veces mejores que todos los magos y astrólogos que había en todo su reino". Daniel 1:19, 20.

El dominio propio como condición de la santificación

La vida de Daniel es una ilustración inspirada de lo que constituye un carácter santificado. Presenta una lección para todos, y especialmente para los jóvenes. El cumplimiento estricto de los requerimientos de Dios es benéfico para la salud del cuerpo y la mente. A fin de alcanzar las más altas condiciones morales e intelectuales, es necesario buscar sabiduría y fuerza de Dios, y observar la estricta temperancia en todos los hábitos de la vida. En la experiencia de Daniel y de sus compañeros tenemos un ejemplo del triunfo de los principios sobre la tentación a complacer el apetito. Nos muestra que por medio de los principios religiosos los jóvenes pueden triunfar sobre los apetitos de la carne, y permanecer leales a los requerimientos divinos, aun cuando ello les costase un gran sacrificio.

¿Qué habría acontecido si Daniel y sus compañeros hubieran transigido con los funcionarios paganos y hubieran cedido a la presión de la oportunidad, comiendo y bebiendo como era usual para los babilonios? Este solo abandono de los principios habría debilitado su sentido de lo justo y su aborrecimiento de lo erróneo. La complacencia del apetito habría envuelto el sacrificio del vigor físico, la claridad del intelecto, y el poder espiritual. Un paso falso habría conducido probablemente a otros, hasta que, al cortarse su vinculación con el cielo, habrían sido arrastrados por la tentación.

Dios ha dicho: "Honraré a los que me honran". 1 Samuel 2:30. Mientras Daniel se aferró a su Dios con inconmovible confianza, el espíritu del poder profético vino sobre él. Mientras era instruido por los hombres en los deberes de la corte, Dios le enseñaba a leer los misterios de las edades futuras, y a presentar a las generaciones del porvenir por medio de símbolos y símiles, los maravillosos acontecimientos que habrían de suceder en los últimos días.

Capítulo 3—El dominio de los apetitos y pasiones

"Amados, yo os ruego... os abstengáis de los deseos carnales que batallan contra el alma" (1 Pedro 2:11), es el lenguaje del apóstol Pedro. Muchos consideran este texto como una amonestación solamente contra la licencia; pero tiene un significado más amplio. Prohíbe toda complacencia perjudicial del apetito o de la pasión. Que nadie que profese piedad considere con indiferencia la salud del cuerpo, y se haga la ilusión de que la intemperancia no es pecado, y que no afectará su espiritualidad. Existe una estrecha relación entre la naturaleza física y la moral. Cualquier hábito que no promueva la salud degrada las facultades más altas y más nobles. Los hábitos incorrectos en el comer y el beber conducen a errores en el pensamiento y la acción. La indulgencia del apetito fortalece las propensiones animales, dándoles el ascendiente sobre las potencias mentales y espirituales.

Es imposible que una persona goce la bendición de la santificación mientras sea egoísta y glotona. Muchos gimen bajo la carga de enfermedades debido a actos erróneos en el comer y beber que hacen violencia a las leyes de la vida y la salud. Están debilitando sus órganos digestivos al complacer el apetito pervertido. El poder de la constitución humana para resistir los abusos que se le impone es maravilloso; pero el persistente hábito erróneo de beber y comer en exceso debilitará toda función del cuerpo. Por la complacencia del apetito pervertido y la pasión, aun los cristianos profesos perjudican a la naturaleza en su obra, y disminuyen el poder físico, mental y moral. Que estas personas consideren lo que podrían haber sido, si hubieran vivido en forma temperante, y promovido la salud en lugar de abusar de ella.

No es una norma imposible

Cuando San Pablo escribió: "Y el mismo Dios de paz os santifique por completo" (1 Tesalonicenses 5:23), no exhortó a sus hermanos a proponerse una norma que les fuese imposible alcanzar; no oró porque ellos obtuvieran bendiciones que no fuera la voluntad de Dios conceder. El sabía que todos los que deseen estar listos para encontrar a Cristo en paz deben poseer un carácter puro y santo. "Todo aquel que lucha, de todo se abstiene; ellos, a la verdad, para recibir una corona corruptible, pero nosotros, una incorruptible. Así que, yo de esta manera corro, no como a la ventura; de esta manera peleo, no como quien golpea el aire, sino que golpeo mi cuerpo, y lo pongo en servidumbre, no sea que habiendo sido heraldo para otros, yo mismo venga a ser eliminado". 1 Corintios 9:25-27. "¿O ignoráis que vuestro cuerpo es templo del Espíritu Santo, el cual está en vosotros, el cual tenéis de Dios, y que no sois vuestros? Porque habéis sido comprados por precio; glorificad, pues, a Dios en vuestro cuerpo y en vuestro espíritu, los cuales son de Dios". 1 Corintios 6:19, 20.

Una ofrenda sin tacha

Nuevamente, el apóstol escribe a los creyentes: "Así que, hermanos, os ruego por las misericordias de Dios, que presentéis vuestros cuerpos en sacrificio vivo, santo, agradable a Dios, que es vuestro culto racional". Romanos 12:1. Al antiguo Israel se le dieron directivas específicas en el sentido de que ningún animal defectuoso o enfermo fuera presentado como ofrenda a Dios. Sólo los más perfectos habían de ser seleccionados para este propósito. El Señor, por medio del profeta Malaquías, reprobó de la manera más severa a su pueblo por apartarse de estas instrucciones.

"El hijo honra al padre, y el siervo a su señor. Si, pues, soy yo padre, ¿dónde está mi honra? y si soy señor, ¿dónde está mi temor? dice Jehová de los ejércitos a vosotros, oh sacerdotes, que menospreciáis mi nombre. Y decís: ¿En qué hemos menospreciado tu nombre? En que ofrecéis sobre mi altar pan inmundo. Y dijisteis: ¿En qué te hemos deshonrado? En que pensáis que la mesa de Jehová es despreciable. Y cuando ofrecéis el animal ciego para el sacrificio, ¿no es malo? Asimismo cuando ofrecéis el cojo o el enfermo, ¿no es malo? Preséntalo, pues, a tu príncipe; ¿acaso se agradará de ti, o le serás acepto? dice Jehová de los ejércitos... Trajisteis lo hurtado, o cojo, o enfermo, y presentasteis ofrenda. ¿Aceptaré yo eso de vuestra mano? dice Jehová". Malaquías 1:6-8, 13.

Aunque dirigidas al Israel de antaño, estas palabras contienen una lección para el pueblo de Dios de hoy en día. Cuando el apóstol se dirige a sus hermanos, y los insta a presentar sus cuerpos en "sacrificio vivo, santo, agradable", presenta principios de verdadera santificación. No es meramente una teoría, una emoción, o mero palabrerío, sino un principio vivo y activo que entra en la vida cotidiana. Requiere que nuestros hábitos de comer, beber, vestirnos, sean tales que aseguren la preservación de la salud física, mental y moral, a fin de que podamos presentar al Señor nuestros cuerpos, no como una ofrenda corrompida por hábitos erróneos, sino como "sacrificio vivo, santo, agradable a Dios".

Los estimulantes y narcóticos

La amonestación de San Pedro de abstenerse de los deseos carnales es una admonición muy directa y fuerte contra el uso de todos los estimulantes y narcóticos tales como el té, el café, el tabaco, el alcohol y la morfina. El uso de estos elementos bien puede ser clasificado entre los deseos que ejercen una influencia perniciosa sobre el carácter moral. Cuanto más temprano se formen estos hábitos perjudiciales, más firmemente mantendrán a su víctima en la esclavitud al deseo pecaminoso, y más ciertamente rebajarán la norma de la espiritualidad.

La enseñanza bíblica hará sólo una débil impresión en los que tengan sus facultades entenebrecidas por la complacencia propia. Millares sacrificarán no solamente la salud y la vida, sino también su esperanza del cielo, antes de declarar la guerra contra sus propios apetitos pervertidos. Una mujer que por muchos años pretendió estar santificada, hizo la declaración de que si le tocaba decidir entre abandonar su pipa o el cielo, ella diría: "Adiós, cielo; no puedo vencer mi amor por mi pipa". Este ídolo había sido guardado como reliquia en su alma, dejándolo a Jesús en lugar subordinado. ¡Sin embargo esta mujer pretendía pertenecer completamente al Señor!

Deseos que batallan contra el alma

Dondequiera se encuentren, los que estén verdaderamente santificados elevarán la norma moral manteniendo hábitos físicos correctos, y a semejanza de Daniel, presentarán a otros un ejemplo de temperancia y abnegación. Todo apetito depravado llega a ser un deseo que batalla contra el alma. Todo lo que está en conflicto con la ley natural crea una condición enferma del alma. La complacencia del apetito produce un estómago dispéptico, un hígado torpe, un cerebro entenebrecido, y así pervierte el temperamento y el espíritu del hombre. ¡Y estos poderes debilitados son ofrecidos a Dios, quien rehusaba aceptar las víctimas para el sacrificio a menos que fueran sin tacha! Es nuestro deber colocar nuestros apetitos y hábitos de vida en conformidad con la ley natural. Si los cuerpos ofrecidos sobre el altar de Cristo fueran examinados con el estrecho escrutinio al cual eran sujetos los sacrificios judaicos, ¿quién sería aceptable?

¡Con qué cuidado deben los cristianos regular sus hábitos, para que puedan preservar la plenitud del vigor de toda facultad, a fin de dedicarla al servicio de Cristo! Si queremos ser santificados en cuerpo, alma y espíritu, debemos vivir en conformidad con la ley divina. El corazón no puede mantener la consagración a Dios mientras se complacen los apetitos y las pasiones a expensas de la salud y la vida. Los que violan las leyes de las cuales depende la salud, deben sufrir la penalidad. Han limitado de tal manera sus capacidades en todo sentido que no pueden realizar en forma adecuada sus deberes para con sus semejantes, y fracasan por completo en responder a las exigencias de Dios.

Cuando el clero escocés pidió a Lord Palmerston, primer ministro inglés, que decretara un día de ayuno y oración para detener el cólera, él replicó, en efecto: "Limpiad y desinfectad vuestras calles y casas, promoved la limpieza y la salud entre los pobres, y tratad de que estén abundantemente suplidos con alimentos buenos y vestidos, y emplead en forma generalizada medidas sanitarias correctas, y no tendréis ocasión de ayunar y orar. Tampoco oirá el Señor vuestras oraciones mientras estas medidas preventivas no sean usadas".

Dice San Pablo: "Limpiémonos de toda contaminación de carne y de espíritu, perfeccionando la santidad en el temor de Dios". 2 Corintios 7:1. El presenta para nuestro ánimo la libertad de que gozan los que verdaderamente están santificados: "Ahora, pues, ninguna condenación hay para los que están en Cristo Jesús, los que no andan conforme a la carne, sino conforme al Espíritu". Romanos 8:1. Recomienda a los Gálatas: "Andad en el Espíritu, y no satisfagáis los deseos de la carne". Gálatas 5:16. Nombra algunas de las formas de deseos carnales: "Borracheras, orgías, y cosas semejantes". Gálatas 5:21. Y después de mencionar los frutos del Espíritu, entre los cuales está la temperancia, agrega: "Pero los que son de Cristo han crucificado la carne con sus pasiones y deseos. Si vivimos por el Espíritu, andemos también por el Espíritu". Gálatas 5:24-25.

El tabaco

El apóstol Santiago dice que la sabiduría que viene de arriba "es primeramente pura". Santiago 3:17. Si él hubiera visto a sus hermanos usar tabaco, ¿no habría denunciado la práctica como "terrenal, animal, diabólica"? Santiago 3:15. En esta época de luz cristiana, cuán a menudo los labios que pronuncian el nombre precioso de Cristo se hallan mancillados por la saliva del fumador, y el aliento está corrompido con la hediondez del vicio. Seguramente el alma que puede disfrutar de tales compañías también puede ser profanada. Al ver a personas que pretendían gozar la bendición de la santificación total mientras eran esclavos del tabaco, ensuciando todo lo que los rodeaba, he pensado: ¿Qué parecería el cielo si en él hubiera fumadores? La Palabra de

Dios ha declarado sencillamente que "no entrará en ella [la ciudad] ninguna cosa inmunda". Apocalipsis 21:27. ¿Cómo, pues, pueden los que complacen este hábito asqueroso esperar ser admitidos allí?

Hombres que profesan piedad ofrecen sus cuerpos sobre el altar de Satanás, y queman el incienso del tabaco a su majestad diabólica. ¿Parece severa esta declaración? Ciertamente la ofrenda es presentada a alguna deidad. Como Dios es puro y santo, como no aceptará nada que mancille el carácter, debe rechazar este sacrificio costoso, inmundo y profano; por lo tanto concluimos que Satanás es el que reclama el honor.

Jesús murió para rescatar al hombre de las garras de Satanás. Vino para librarnos por la sangre de su sacrificio expiatorio. El hombre que ha llegado a ser la propiedad de Jesucristo, y cuyo cuerpo es el templo del Espíritu Santo, no será esclavizado por el hábito pernicioso del empleo del tabaco. Sus facultades pertenecen a Cristo, que lo ha comprado con el precio de su sangre. Su propiedad es del Señor. ¿Cómo, pues, puede quedar sin culpa al gastar todos los días el capital que el Señor le ha confiado para gratificar un apetito que no tiene fundamento en la naturaleza?

Una enorme suma se malgasta todos los años en esta complacencia, mientras que hay almas que perecen por falta de la palabra de vida. Los profesos cristianos roban a Dios en los diezmos y las ofrendas, mientras ofrecen sobre el altar del vicio destructor en el uso del tabaco, más de lo que dan para aliviar a los pobres o para suplir las necesidades de la causa de Dios. Los que están verdaderamente santificados, vencerán todo deseo pernicioso. Entonces, todos estos canales por donde circula el dinero invertido en cosas innecesarias fluirán hacia la tesorería del Señor, y los cristianos serán los primeros en la abnegación, el sacrificio propio y la temperancia. Entonces serán la luz del mundo.

El té y el café

El té y el café, como el tabaco, tienen un efecto pernicioso sobre el organismo. El té es intoxicante. Aunque en menor grado, su efecto es el mismo en carácter que el de los licores espirituosos. El café tiene una mayor tendencia a entenebrecer el intelecto y a debilitar las energías. No es tan poderoso como el tabaco, pero es similar en sus efectos. Los argumentos presentados contra el tabaco también deben ser empleados contra el uso del té y el café.

Cuando los que tienen el hábito de usar té, café, tabaco, opio, o licores alcohólicos, son privados de esta complacencia habitual, encuentran que es imposible participar con interés y con celo en el culto de Dios. La gracia de Dios parece carente de poder para avivar o espiritualizar sus oraciones o sus testimonios. Estos cristianos profesos deben considerar la fuente de su gozo. ¿Es de arriba o de abajo?

Al que usa estimulantes, todas las cosas le parecen insípidas sin la complacencia favorita. Esto amortece las sensibilidades naturales tanto del cuerpo como de la mente, y hace que éstos sean menos susceptibles a las influencias del Espíritu Santo. En ausencia del estimulante habitual, siente un hambre del cuerpo y del alma, no de justicia, de santidad, ni de la presencia divina, sino de su ídolo acariciado. En la complacencia de los deseos perniciosos, los profesos cristianos debilitan diariamente sus potencias, imposibilitándose para glorificar a Dios.

Capítulo 4—Tres héroes intrépidos

El mismo año en que Daniel y sus compañeros entraron al servicio del rey de Babilonia, ocurrieron sucesos que probaron severamente la integridad de estos jóvenes hebreos, y que constituyeron ante la nación idólatra una demostración del poder y la fidelidad del Dios de Israel.

Mientras el rey Nabucodonosor miraba el porvenir con ansiosa expectativa, tuvo un notable sueño, el cual "perturbó su espíritu, y se le fue el sueño". Daniel 2:1. Pero aun cuando la visión nocturna hizo una profunda impresión en su mente, halló imposible recordar los detalles. Recurrió a sus astrólogos y magos, y prometiéndoles grandes riquezas y honores les ordenó que le reconstruyeran el sueño y le presentaran su interpretación. Pero ellos dijeron: "Di el sueño a tus siervos, y te mostraremos la interpretación". Daniel 2:4.

El rey sabía que si ellos realmente pudieran decir la interpretación, también podrían relatar el sueño. El Señor en su providencia había dado a Nabucodonosor este sueño y había permitido que los detalles huyeran de su memoria, mientras la terrible impresión permanecía en su mente, a fin de desenmascarar las pretensiones de los hombres sabios de Babilonia. El monarca estaba muy encolerizado y amenazó a todos los sabios con la muerte si hasta cierto tiempo el sueño no era reproducido. Daniel y sus compañeros habían de perecer con los falsos profetas; pero, arriesgando la vida, Daniel se aventuró a entrar en la presencia del rey, pidiendo que se le concediera tiempo para mostrar el sueño y la interpretación.

El monarca accede a este pedido; y ahora Daniel se une a sus tres compañeros, y juntos presentan el asunto a Dios, buscando sabiduría de la fuente de luz y conocimiento. Aunque estaban en la corte del rey, rodeados de tentaciones, no olvidaron su responsabilidad para con Dios. Tenían la firme convicción de que la providencia divina los había colocado donde estaban; se hallaban haciendo la obra de Dios, y confrontaban las demandas de la verdad y el deber. Tenían confianza en Dios. Se habían vuelto a él en procura de fortaleza cuando estaban en perplejidad y peligro, y él había sido para ellos una ayuda siempre presente.

El secreto revelado

Los siervos de Dios no le rogaron en vano. Lo habían honrado, y en la hora de prueba él los honró. El secreto le fue revelado a Daniel, y él se apresuró a solicitar una entrevista con el monarca.

Los cautivos judíos se presentan ante el rey del más poderoso imperio sobre el cual hubiera brillado el sol. El gobernante se encuentra en gran perplejidad en medio de sus riquezas y su gloria; pero el joven exiliado está lleno de paz y felicidad en su Dios. Ahora, si alguna vez había de ser, era el tiempo en que Daniel podía exaltarse a sí mismo, y destacar su propia bondad y sabiduría. Pero su primer esfuerzo lo hace para renunciar a todo honor para sí mismo, y exaltar a Dios como la fuente de la sabiduría:

"El misterio que el rey demanda, ni sabios, ni astrólogos, ni magos ni adivinos lo pueden revelar al rey. Pero hay un Dios en los cielos, el cual revela los misterios, y él ha hecho saber al rey Nabucodonosor lo que ha de acontecer en los postreros días". Daniel 2:27, 28. El rey escucha con solemne atención mientras todo detalle del sueño es reproducido; cuando la interpretación es dada con fidelidad, siente que puede confiar en ella como en una revelación divina.

Las solemnes verdades contenidas en esta visión nocturna, hicieron una profunda impresión en la mente del soberano, y con humildad y pavor cayó de hinojos y adoró, diciendo: "Ciertamente el Dios vuestro es Dios de dioses, y Señor de los reyes, y el que revela los misterios". Daniel 2:47.

La imagen de oro

Se había permitido que la luz del cielo brillara directamente sobre el rey Nabucodonosor, y por corto tiempo éste fue influido por el temor de Dios. Pero unos pocos años de prosperidad llenaron su corazón de orgullo, y olvidó su reconocimiento del Dios viviente. Reasumió su culto idolátrico con celo y fanatismo acrecentados.

Usando los tesoros obtenidos en la guerra, confeccionó una imagen de oro para representar el coloso que había visto en su sueño, erigiéndola en la llanura de Dura, y ordenando que todos los gobernadores y el pueblo la adoraran, so pena de muerte. Esta estatua tenía unos treinta metros de altura y unos tres metros de ancho, y a los ojos de aquel pueblo idólatra presentaba una apariencia de lo más imponente y majestuosa. Se efectuó una proclamación para llamar a todos los funcionarios del gobierno a reunirse para la dedicación de la imagen, y al son de los instrumentos músicos, a prosternarse y adorarla. Si alguno dejaba de hacerlo, debía ser arrojado inmediatamente en medio de un horno de fuego ardiente.

No temieron la ira del rey

El día señalado había llegado, y la inmensa multitud se hallaba reunida, cuando recibió el rey la noticia de que los tres hebreos a quienes había puesto sobre la provincia de Babilonia habían rehusado adorar la imagen. Estos son los tres compañeros de Daniel, que habían sido llamados por el rey, Sadrach, Mesach y Abed-nego. Lleno de ira, el monarca los llama a su presencia, y señalando el horno flamígero, les dice cuál será el castigo para ellos si rehúsan obediencia a su voluntad.

En vano fueron las amenazas del rey. No pudo desviar a estos nobles hombres de su lealtad al gran Gobernante de las naciones. Ellos habían aprendido a través de la historia de sus padres que la desobediencia a Dios es deshonor, desastre y ruina; que el temor del Señor es no solamente el comienzo de la sabiduría, sino el fundamento de toda verdadera prosperidad. Miran con calma el horno ardiente y la turba idólatra. Ellos han confiado en Dios, y él no les faltará ahora. Su respuesta es respetuosa, pero decidida: "Sepas, oh rey, que no serviremos a tus dioses, ni tampoco adoraremos la estatua que has levantado". Daniel 3:18.

El orgulloso monarca se halla rodeado por sus grandes hombres, los funcionarios del gobierno, y el ejército que ha conquistado naciones; y todos se unen en aplaudirlo como si tuviera la sabiduría y el poder de los dioses. En medio de este imponente despliegue están de pie tres jóvenes hebreos, persistiendo con perseverancia en su rechazo de obedecer el decreto del rey. Habían sido obedientes a las leyes de Babilonia, en tanto que éstas no entraban en conflicto con las exigencias de Dios; pero no se habían apartado un ápice del deber hacia su Creador.

La ira del rey no conocía límites. En el propio pináculo de su poder y gloria, el ser desafiado de esta manera por los representantes de una raza despreciada y cautiva, era un insulto que su espíritu orgulloso no podía soportar. El horno ardiente había sido calentado siete veces más de lo acostumbrado, y en él fueron echados los exiliados hebreos. Tan furiosas eran las llamas, que los hombres que los echaron en el horno perecieron al ser quemados.

En la presencia del infinito

Repentinamente el rostro del rey palideció de terror. Sus ojos estaban fijos en las llamas resplandecientes, y volviéndose a sus jerarcas dijo: "¿No echaron a tres varones atados dentro del fuego?" La respuesta fue: "Es verdad, oh rey". Y ahora el monarca exclamó: "He aquí yo veo cuatro varones sueltos, que se pasean en medio del fuego sin sufrir ningún daño; y el aspecto del cuarto es semejante a hijo de los dioses". Daniel 3:24, 25.

Cuando Cristo se manifiesta a sí mismo a los hijos de los hombres, un poder invisible habla a sus almas. Se sienten en la presencia del Infinito. Ante su majestad, los reyes y los nobles tiemblan, y reconocen que el Dios vivo está por encima de todo poder terrenal.

Con remordimiento y vergüenza, exclamó: "Siervos del Dios Altísimo, salid y venid". Daniel 3:26. Y ellos obedecieron, mostrándose sin ningún daño ante la vasta multitud; ni siquiera el olor del fuego salía de sus mantos. Este milagro produjo un cambio notable en la mente del pueblo. La grande imagen de oro, erigida con tanta ostentación, fue olvidada. El rey publicó un decreto según el cual toda persona que hablara contra el Dios de estos hombres sería muerta "por cuanto no hay dios que pueda librar como éste". Daniel 3:29.

Firme integridad en la vida santificada

Estos tres hebreos poseían una santificación genuina. El verdadero principio cristiano no se detiene a pesar las consecuencias. No pregunta: ¿Qué pensará la gente de mí si hago esto? ¿O cómo afectará esto mis perspectivas mundanas si lo hago? Con el más intenso anhelo, los hijos de Dios desean saber lo que el Señor quiere que hagan, para que sus obras lo glorifiquen. Dios ha hecho amplia provisión para que los corazones y las vidas de todos sus seguidores puedan ser dominados por su divina gracia, a fin de que sean una luz ardiente y brillante en el mundo.

Estos fieles hebreos poseían gran capacidad natural, habían disfrutado de la más alta cultura intelectual, y ahora ocupaban una posición de honor; pero todo esto no los indujo a olvidar a Dios. Sus facultades estaban sometidas a la influencia santificadora de la gracia divina. En virtud de su integridad perseverante, manifestaron las alabanzas de Aquel que los había llamado de las tinieblas a su luz admirable. En su maravillosa liberación quedó desplegado, ante la vasta asamblea, el poder y la majestad de Dios. Jesús mismo se colocó a su lado en el horno ardiente, y por la gloria de su presencia convenció al orgulloso monarca de Babilonia que no podía ser otro sino el Hijo de Dios. La luz del cielo había estado reflejándose en Daniel y sus compañeros, hasta que todos sus asociados captaron la fe que ennoblecía su vida y hermoseaba su carácter. Por la liberación de sus fieles siervos, el Señor declara que él apoyará a los oprimidos, y derrocará todos los poderes que quieren hollar la autoridad del Dios del cielo.

Una lección para los medrosos

¡Qué lección se da aquí a los medrosos, los vacilantes, los cobardes en la causa de Dios! ¡Qué ánimo para los que no se dejan desviar del deber por las amenazas o el peligro! Estos personajes fieles y perseverantes ejemplifican la santificación, aunque no pretenden reclamar este alto honor. La cantidad de bien que puede realizarse por medio de los cristianos comparativamente oscuros pero devotos, no puede estimarse hasta que los registros de la vida sean publicados, cuando el Juez se siente y los libros se abran.

Cristo identifica su interés con esta clase; él no se avergüenza de llamarlos hermanos. Debería haber centenares de personas donde ahora hay una sola, tan estrechamente aliadas con Dios, que tengan sus vidas en tan completa conformidad con su voluntad, que sean luces brillantes, totalmente santificadas en alma, cuerpo y espíritu.

Continúa el conflicto entre los hijos de la luz y los hijos de las tinieblas. Los que se llaman del nombre de Cristo deben sacudir el letargo que debilita sus esfuerzos, y deben hacer frente a las tremendas responsabilidades que recaen sobre ellos. Todos los que hagan esto pueden esperar que el poder de Dios les sea revelado. El Hijo de Dios, el Redentor del mundo, será representado en las palabras y en las obras de ellos, y el nombre de Dios será glorificado.

"Como en los días de Sadrach, Mesach y Abednego, en el período final de la historia de esta tierra, el Señor obrará poderosamente en favor de aquellos que se mantengan firmemente por lo recto. El que anduvo con los notables hebreos en el horno de fuego acompañará a sus seguidores dondequiera que estén. Su presencia constante los consolará y sostendrá. En medio del tiempo de angustia cual nunca hubo desde que fue nación, sus escogidos permanecerán inconmovibles. Satanás, con toda la hueste del mal, no puede destruir al más débil de los santos de Dios. Los protegerán ángeles excelsos en fortaleza, y Jehová se revelará en favor como 'Dios de dioses', que puede salvar hasta lo sumo a los que ponen su confianza en él". —*La Historia de Profetas y Reyes, 376.*

Capítulo 5—Un ejemplo de valor y fidelidad

Cuando Darío tomó posesión del trono de Babilonia, inmediatamente procedió a reorganizar el gobierno. Estableció "sobre el reino ciento veinte sátrapas... y sobre ellos tres gobernadores, de los cuales Daniel era uno". Daniel 6:1, 2. Y "Daniel mismo era superior a estos sátrapas y gobernadores, porque había en él un espíritu superior; y el rey pensó en ponerlo sobre todo el reino". Daniel 6:3. Los honores concedidos a Daniel excitaron los celos de los hombres dirigentes del reino. Los presidentes y príncipes trataban de encontrar ocasión de interponer una queja contra él. "Mas no podían hallar ocasión alguna o falta, porque él era fiel, y ningún vicio ni falta fue hallado en él". Daniel 6:4.

¡Qué lección se presenta aquí para todos los cristianos! Los ojos aguzados por el celo estaban fijos en Daniel día tras día; y su observación estaba acerada por el odio; sin embargo no podían presentar como errónea ni una sola palabra, ni un solo acto de su vida. Con todo, él no tenía ninguna pretensión de santificación; pero hizo aquello que era infinitamente mejor: vivía una vida de fidelidad y consagración.

Un complot satánico

Cuanto más inmaculada la conducta de Daniel, mayor era el odio que suscitaban contra él sus enemigos. Estaban llenos de enojo, porque no podían encontrar nada en su carácter moral o en la realización de sus deberes, sobre lo cual basar una queja. "No hallaremos contra este Daniel ocasión alguna para acusarle, si no la hallamos contra él en relación con la ley de su Dios". Daniel 6:5. Tres veces por día Daniel oraba al Dios del cielo. Esta era la única acusación que podía encontrarse en su contra.

Se ideó ahora un plan para consumar su destrucción. Sus enemigos se reunieron en el palacio, y pidieron al rey que aprobara un decreto en virtud del cual ninguna persona en todo el reino pidiera nada a Dios o a hombre, excepto de Darío el rey, por espacio de treinta días, y que toda violación de ese edicto fuera castigada echando al ofensor en el foso de los leones. El rey no sabía nada del odio de estos hombres hacia Daniel, y no sospechaba que el decreto lo perjudicaría de alguna manera. Por medio de la adulación hicieron que el monarca creyera que redundaría grandemente en su honor el emitir un edicto semejante. Con una sonrisa de triunfo satánico en sus rostros volvieron de la presencia del rey, y se regocijaron por la trampa que le habían tendido al siervo de Dios.

Un ejemplo de valentía y fidelidad

El decreto es proclamado por el rey. Daniel se halla familiarizado con el propósito de sus enemigos de arruinarlo. Pero él no cambia su conducta en un solo aspecto. Con calma realiza sus deberes acostumbrados, y a la hora de la oración, va a su cámara, y con las ventanas abiertas hacia Jerusalén, ofrece sus peticiones al Dios del cielo. Mediante su comportamiento declara intrépidamente que ningún poder terrenal tiene el derecho a interrumpir su relación con Dios, y decirle a quién debía y a quién no debía orar. ¡Noble hombre de principios! ¡Se yergue ante el mundo hoy como un loable ejemplo de valentía y fidelidad cristianas! Se vuelve a Dios con todo su corazón, aunque sabe que la muerte es la penalidad por su devoción.

Sus adversarios lo vigilan un día entero. Tres veces se dirige a su cámara; tres veces la voz de la intercesión fervorosa ha sido oída. La próxima mañana se le presenta al rey la queja de que Daniel, uno de los cautivos de Judá, ha desafiado su decreto. Cuando el monarca oyó estas palabras, sus ojos fueron abiertos de inmediato para ver la trampa que se había armado. Se disgustó grandemente consigo mismo por haber firmado un decreto semejante, y trabajó hasta la caída del sol para idear algún plan por el cual Daniel pudiera ser librado. Pero los enemigos del profeta habían previsto esto, de manera que vinieron delante del rey con estas palabras: "Sepas, oh rey, que es ley de Media y de Persia que ningún edicto u ordenanza que el rey confirme puede ser abrogado".

"Entonces el rey mandó, y trajeron a Daniel, y le echaron en el foso de los leones. Y el rey dijo a Daniel: El Dios tuyo, a quien tú continuamente sirves, él te libre". Se colocó una piedra sobre la boca del foso, y se la selló con el sello real. "Luego el rey se fue a su palacio, y se acostó ayuno; ni instrumentos de música fueron traídos delante de él, y se le fue el sueño". Daniel 6:15, 18.

"El Dios mío envió su ángel"

Temprano por la mañana el monarca se apresuró a ir al foso de los leones y exclamó: "Daniel, siervo del Dios viviente, el Dios tuyo, a quien tú continuamente sirves ¿te ha podido librar de los leones?" La voz del profeta fue oída en respuesta: "Oh rey, vive para siempre. Mi Dios envió su ángel, el cual cerró la boca de los leones, para que no me hiciesen daño, porque ante él fui hallado inocente; y aun delante de ti, oh rey, yo no he hecho nada malo".

"Entonces se alegró el rey en gran manera a causa de él, y mandó sacar a Daniel del foso; y fue Daniel sacado del foso, y ninguna lesión se halló en él, porque había confiado en su Dios". Daniel 6:20-23. Así el siervo de Dios fue librado. Y la trampa que los enemigos habían ideado para su destrucción resultó ser su propia ruina. A la orden del rey ellos fueron echados en el foso, e instantáneamente fueron devorados por las bestias salvajes.

Capítulo 6—Resultados de la plegaria ferviente

Al acercarse el tiempo de la terminación de los setenta años de cautiverio, Daniel se aplicó en gran manera al estudio de las profecías de Jeremías. El vio que se acercaba el tiempo en que Dios daría a su pueblo escogido otra prueba; y con ayuno, humillación y oración, importunaba al Dios del cielo con estas palabras: "Ahora, Señor, Dios grande, digno de ser temido, que guardas el pacto y la misericordia con los que te aman y guardan tus mandamientos; hemos pecado, hemos hecho iniquidad, hemos obrado impíamente, y hemos sido rebeldes, y nos hemos apartado de tus mandamientos y de tus ordenanzas. No hemos obedecido a tus siervos los profetas, que en tu nombre hablaron a nuestros reyes, a nuestros príncipes, a nuestros padres, y a todo el pueblo de la tierra". Daniel 9:4-6.

Daniel no proclama su propia fidelidad ante el Señor. En lugar de pretender ser puro y santo, este honrado profeta se identifica humildemente con el Israel verdaderamente pecaminoso. La sabiduría que Dios le había impartido era tan superior a la sabiduría de los grandes hombres del mundo, como la luz del sol que brilla en los cielos al mediodía es más brillante que la más débil estrella. Y sin embargo, ponderad la oración que sale de los labios de este hombre tan altamente favorecido del cielo. Con profunda humillación, con lágrimas y una entrega de corazón, ruega por sí mismo y por su pueblo. Abre su alma delante de Dios, confesando su propia falta de mérito y reconociendo la grandeza y la majestad del Señor.

Sinceridad y fervor

¡Qué sinceridad y qué fervor caracterizaron su súplica! La mano de fe se halla extendida hacia arriba para asirse de las promesas del Altísimo que nunca fallan. Su alma lucha en agonía. Y tiene la evidencia de que su oración es escuchada. Sabe que la victoria le pertenece. Si como pueblo nosotros oráramos como Daniel, y lucháramos como él luchó, humillando nuestras almas delante de Dios, veríamos respuestas tan maravillosas a nuestras peticiones como las que le fueron concedidas a Daniel. Oíd cómo presenta su caso ante la corte del cielo:

"Inclina, oh Dios mío, tu oído, y oye; abre tus ojos, y mira nuestras desolaciones, y la ciudad sobre la cual es invocado tu nombre; porque no elevamos nuestros ruegos ante ti confiados en nuestras justicias, sino en tus muchas misericordias. Oye, Señor; oh Señor, perdona; presta oído, Señor, y haz; no tardes, por amor de ti mismo, Dios mío; porque tu nombre es invocado sobre tu ciudad y sobre tu pueblo". Daniel 9:18, 19.

El hombre de Dios estaba orando por la bendición del cielo sobre su pueblo, y por un conocimiento más claro de la voluntad divina. La preocupación de su corazón era con respecto a Israel, que no estaba, en el sentido más estricto de la palabra, guardando la ley de Dios. Reconoce que todas sus desgracias habían venido como consecuencia de sus transgresiones de la santa ley. Dice: "Hemos pecado, hemos cometido iniquidad... Porque a causa de nuestros pecados, y por la maldad de nuestros padres, Jerusalén y tu pueblo son el oprobio de todos en derredor nuestro". Los judíos habían perdido su carácter peculiar y sagrado como pueblo escogido de Dios. "Ahora pues, Dios nuestro, oye la oración de tu siervo, y sus ruegos; y haz que tu rostro resplandezca sobre tu santuario asolado". Daniel 9:5, 16, 17. El corazón de Daniel se vuelve con intenso anhelo al santuario desolado de Dios. El sabe que su prosperidad puede ser restaurada únicamente cuando Israel se arrepienta de sus transgresiones de la ley de Dios, y se vuelva humilde, fiel y obediente.

El mensajero celestial

Mientras se eleva la oración de Daniel, el ángel Gabriel viene volando desde las cortes del cielo, para decirle que sus peticiones han sido escuchadas y contestadas. El ángel poderoso ha sido comisionado para darle capacidad y comprensión, para abrir delante de él los misterios de las edades futuras. Así, mientras trata fervorosamente de conocer y comprender la verdad, Daniel es puesto en comunicación con el mensajero delegado del cielo.

En respuesta a su petición, Daniel recibió no solamente la luz y la verdad que él y su pueblo necesitaban en gran manera, sino una visión de los grandes acontecimientos del futuro, hasta el advenimiento del Redentor del mundo. Los que pretenden estar santificados, y sin embargo no tienen deseo de investigar las Escrituras, o de luchar con Dios en oración por una comprensión más clara de la verdad bíblica, no saben lo que es la verdadera santificación.

Daniel habló con Dios. Los cielos fueron abiertos delante de él. Pero los altos honores que le fueron concedidos eran el resultado de la humillación y la ferviente búsqueda. Todos los que creen de todo corazón la Palabra de Dios tendrán hambre y sed del conocimiento de su voluntad. Dios es el autor de la verdad. El ilumina el entendimiento entenebrecido, y da a la mente humana poder para captar y comprender las verdades que él ha revelado.

Buscando sabiduría de Dios

En la ocasión que acaba de describirse, el ángel Gabriel impartió a Daniel toda la instrucción que él podía recibir en ese momento. Unos pocos años más tarde, sin embargo, el profeta deseaba conocer más con respecto a asuntos que entonces no fueron plenamente explicados, y de nuevo se dedicó a la búsqueda de luz y sabiduría de Dios. "En aquellos días yo Daniel estuve afligido por espacio de tres semanas. No comí manjar delicado, ni entró en mi boca carne ni vino, ni me ungí con ungüento... Y alcé mis ojos y miré, y he aquí un varón vestido de lino, y ceñidos sus lomos de oro de Ufaz. Su cuerpo era como de berilo, y su rostro parecía un relámpago, y sus ojos como antorchas de fuego, y sus brazos y sus pies como de color de bronce bruñido, y el sonido de sus palabras como el estruendo de una multitud". Daniel 10:2, 3, 5, 6.

Esta descripción es similar a la que fue dada por Juan cuando Cristo se le reveló en la isla de Patmos. Un personaje nada menor que el Hijo de Dios fue el que le apareció a Daniel. Nuestro Señor viene con otro mensajero celestial para enseñar a Daniel lo que ha de acontecer en los días finales.

Las grandes verdades reveladas por la palabra del Redentor están destinadas a aquellos que investigan la verdad para encontrar los tesoros escondidos. Daniel era un hombre de edad. Su vida había transcurrido entre las fascinaciones de una corte pagana, y su mente estaba fatigada con los asuntos de un gran imperio. Sin embargo, él se aparta de todas estas cosas para afligir su alma delante de Dios, y buscar un conocimiento de los propósitos del Altísimo. Y en respuesta a sus súplicas, se le envía luz de las cortes del cielo, destinada a aquellos que vivieran en los días finales. ¡Con qué fervor, pues, debiéramos buscar a Dios, a fin de que él nos abra nuestro entendimiento para comprender las verdades que nos fueron traídas del cielo!

"Y sólo yo, Daniel, vi aquella visión, y no la vieron los hombres que estaban conmigo, sino que se apoderó de ellos un gran temor, y huyeron y se escondieron... Y no quedó fuerza en mí, antes mi fuerza se cambió en desfallecimiento, y no tuve vigor alguno". Daniel 10:7, 8. Todos los que están verdaderamente santificados tendrán una experiencia similar. Cuanto más claras sus concepciones de la grandeza, la gloria, y la perfección de Cristo, más vívidamente verán su propia debilidad e imperfección. No tendrán ninguna disposición a alardear de un carácter impecable; lo que parecía correcto y amable en ellos, en contraste con la pureza y la gloria de Cristo aparecerá solamente como indigno y corruptible. Cuando los hombres se hallan separados de Dios, y tienen conceptos muy vagos de Cristo, entonces dicen: "Soy sin pecado; estoy santificado".

Gabriel ahora se le apareció al profeta, y se dirigió a él en estos términos: "Daniel, varón muy amado, está atento a las palabras que te hablaré, y ponte en pie; porque a ti he sido enviado ahora. Mientras hablaba esto conmigo, yo me puse en pie temblando. Entonces me dijo: Daniel, no temas; porque desde el primer día que dispusiste tu corazón a entender y a humillarte en la presencia de tu Dios, fueron oídas tus palabras; y a causa de tus palabras yo he venido". Daniel 10:11, 12.

Honor real para Daniel

¡Qué grande honor se le muestra a Daniel por parte de la Majestad del cielo! Dios consuela a su siervo tembloroso, y le asegura que su oración ha sido escuchada en el cielo. En respuesta a esta ferviente petición, el ángel Gabriel es enviado para influir sobre el corazón del monarca persa. El rey ha resistido las impresiones del Espíritu de Dios durante las tres semanas en que Daniel estaba ayunando y orando, pero el Príncipe del cielo, el Arcángel, Miguel, es enviado para cambiar el corazón del obstinado rey e inducirlo a tomar una medida resuelta en respuesta a la oración de Daniel.

"Mientras me decía estas palabras, estaba yo con los ojos puestos en tierra, y enmudecido. Pero he aquí, uno con semejanza de hijo de hombre tocó mis labios... y me dijo: Muy amado, no temas; la paz sea contigo; esfuérzate y aliéntate. Y mientras él me hablaba, recobré las fuerzas, y dije: Hable mi señor, porque me has fortalecido". Daniel 10:15, 16, 19. Tan grande era la gloria divina revelada a Daniel que él no la pudo soportar. Entonces el mensajero del cielo veló la refulgencia de su rostro y apareció al profeta "uno con semejanza de hijo de hombre". Por medio de su poder divino fortaleció a este hombre de integridad y de fe, para escuchar el mensaje enviado a él de parte de Dios.

Daniel era un siervo devoto del Altísimo. Su larga vida estuvo llena de nobles hechos de servicio por su Maestro. Su pureza de carácter y su inalterable fidelidad son igualadas por su humildad de corazón y su contrición delante de Dios. Repetimos, la vida de Daniel es una ilustración inspirada de verdadera santificación.

Capítulo 7—La transformación del carácter de Juan

El apostol San Juan fue distinguido por sobre sus hermanos como el "discípulo a quien amaba Jesús". Juan 21:20. Aunque no era en el más mínimo grado cobarde, débil o vacilante en carácter, poseía una disposición amable, y un corazón cálido y amoroso. Parecía haber gozado, en un sentido preeminente, de la amistad de Cristo, y recibía muchas muestras de la confianza y del amor de su Salvador. El fue uno de los tres a quienes se les permitió presenciar la gloria de Cristo sobre el monte de la transfiguración, y su agonía en el Getsemaní; y a Juan, nuestro Señor confió el cuidado de su madre en las últimas horas de angustia sobre la cruz.

El afecto del Salvador por el discípulo amado fue retribuido con toda la fuerza de su ardiente devoción. Juan se asió de Cristo como la vid se adhiere al imponente pilar. Por causa de su Maestro hizo frente con valentía a los peligros de la sala del juicio, y se quedó cerca de la cruz; y ante las noticias de que Jesús había resucitado, se apresuró ir al sepulcro, ganando en su celo aun al impetuoso Pedro.

El amor de Juan por su Maestro no era una mera amistad humana; sino que era el amor de un pecador arrepentido, que sentía que había sido redimido por la preciosa sangre de Cristo. Estimaba como el mayor honor trabajar y sufrir en el servicio de su Señor. Su amor por Jesús lo inducía a amar a todos aquellos por quienes Cristo murió. Su religión era práctica. Razonaba que el amor a Dios debía manifestarse en el amor a sus hijos. Se lo oyó reiteradamente diciendo: "Amados, si Dios nos ha amado así, debemos también nosotros amarnos unos a otros". "Nosotros le amamos a él, porque él nos amó primero. Si alguno dice: Yo amo a Dios, y aborrece a su hermano, es mentiroso. Pues el que no ama a su hermano a quien ha visto, ¿cómo puede amar a Dios a quien no ha visto?" 1 Juan 4:11, 19, 20. La vida del apóstol estaba en armonía con sus enseñanzas. El amor que brillaba en su corazón por Cristo, lo indujo a realizar el más ferviente esfuerzo y la más incansable labor por sus semejantes, especialmente por sus hermanos en la iglesia cristiana. Era un poderoso predicador, ferviente y profundo en su sinceridad, y sus palabras llevaban consigo el peso de la convicción.

Una nueva criatura

El amor confiado y la devoción abnegada revelados en la vida y el carácter de Juan, presentan lecciones de indecible valor para la iglesia cristiana. Algunos pueden presentarlo como poseyendo este amor, independiente de la gracia divina; pero Juan tenía, por naturaleza, serios defectos de carácter; era orgulloso y ambicioso, y ligero para resentirse por el desaire y la injuria.

La profundidad y el fervor del afecto de Juan por su Maestro no era la causa del amor de Cristo por él, sino el efecto de ese amor. Juan deseaba llegar a ser semejante a Jesús, y bajo la influencia transformadora del amor de Cristo, llegó a ser manso y humilde de corazón. El yo estaba escondido en Jesús. Estaba íntimamente unido con la vid viviente, y así llegó a ser participante de la naturaleza divina. Tal será siempre el resultado de la comunión con Cristo. Esto es verdadera santificación.

Puede haber defectos notables en el carácter de un individuo, y sin embargo, cuando éste llega a ser un verdadero discípulo de Jesús, el poder de la gracia divina lo convierte en una nueva criatura. El amor de Cristo lo transforma, lo santifica, pero cuando las personas profesan ser cristianas y su religión no las hace mejores hombres y mujeres en todas las relaciones de la vida —representantes vivos de Cristo en disposición y carácter— no son de él.

Lecciones en la edificación del carácter

En una oportunidad Juan estaba empeñado en una disputa con varios de sus hermanos, sobre cuál de ellos sería considerado el mayor. No tenían la intención de que sus palabras llegaran a oídos del Maestro; pero Jesús leyó su corazones, y aprovechó la oportunidad para dar a sus discípulos una lección de humildad. Esta no era sólo para el pequeño grupo que escuchaba sus palabras, sino que había de ser registrada para beneficio de todos sus seguidores, hasta la terminación del tiempo. "Entonces él se sentó y llamó a los doce, y les dijo: Si alguno quiere ser el primero, será el postrero de todos, y el servidor de todos". Marcos 9:35.

Los que poseen el espíritu de Cristo no tendrán ambición de ocupar una posición por encima de sus hermanos. Aquellos que son pequeños a sus propios ojos son los que serán considerados grandes a la vista de Dios. "Y tomó a un niño, y lo puso en medio de ellos; y tomándole en sus brazos, les dijo: El que reciba en mi nombre a un niño como éste, me recibe a mí; y el que a mí me recibe, no me recibe a mí sino al que me envió". Marcos 9:36, 37.

¡Qué preciosa lección es ésta para todos los seguidores de Cristo! Los que descuidan los deberes de la vida que les incumben directamente, los que no usan de misericordia y bondad, cortesía y amor, aun hacia un niñito, están descuidando a Cristo. Juan sintió la fuerza de esta lección y la aprovechó.

En otra oportunidad, su hermano Santiago y él mismo habían visto a un hombre echando demonios en el nombre de Jesús, y debido a que no se vinculó inmediatamente con su grupo, decidieron que no tenía derecho a hacer esta obra, y consecuentemente se lo prohibieron. Con la sinceridad de su corazón, Juan relató la circunstancia a su Maestro. Jesús dijo: "No se lo prohibáis; porque ninguno hay que haga milagro en mi nombre, que luego pueda decir mal de mí. Porque el que no es contra nosotros, por nosotros es". Marcos 9:39, 40.

En cierta ocasión, Santiago y Juan presentaron por medio de su madre la petición de que se les permitiera ocupar las más altas posiciones de honor en el reino de Cristo. El Salvador contestó: "No sabéis lo que pedís". Marcos 10:38. ¡Cuán poco entendemos muchos de nosotros la verdadera importancia de nuestras oraciones! Jesús conocía el sacrificio infinito que costaría adquirir esa gloria, cuando "por el gozo puesto delante de él sufrió la cruz, menospreciando el oprobio". Hebreos 12:2. Ese gozo consistía en ver almas salvadas por su humillación, su agonía, y el derramamiento de su sangre.

Esta era la gloria que Cristo había de recibir, y que estos dos discípulos habían solicitado que se les permitiera compartir. Jesús les preguntó: "¿Podéis beber del vaso que yo bebo, o ser bautizados del bautismo con que yo soy bautizado? Ellos dijeron: Podemos". Marcos 10:38, 39.

¡Cuán poco comprendían ellos lo que significaba ese bautismo! "A la verdad, del vaso que yo bebo, beberéis, y con el bautismo con que yo soy bautizado, seréis bautizados; pero el sentaros a mi derecha y a mi izquierda, no es mío darlo, sino a aquellos para quienes está preparado". Marcos 10:39, 40.

El orgullo y la ambición reprobados

Jesús comprendía los motivos que impulsaron el pedido, y así reprobó el orgullo y la ambición de los dos discípulos: "Sabéis que los que son tenidos por gobernantes de las naciones se enseñorean de ellas, y sus grandes ejercen sobre ellas potestad. Pero no será así entre vosotros, sino que el que quiera hacerse grande entre vosotros será vuestro servidor, y el que de vosotros quiera ser el primero, será siervo de todos. Porque el Hijo del hombre no vino para ser servido, sino para servir, y para dar su vida en rescate por muchos". Marcos 10:42-45.

En una ocasión, Cristo envió mensajeros delante de él a una aldea de los samaritanos, pidiendo a la gente que preparara alojamiento para él y sus discípulos. Pero cuando el Salvador se acercó a la población, pareció querer seguir hacia Jerusalén. Esto suscitó la enemistad de los samaritanos, y en lugar de enviar mensajeros para invitarlo y aun urgirlo a que se detuviera con ellos, le retiraron las cortesías que habrían dispensado a un caminante común. Jesús nunca impuso su presencia a nadie, y los samaritanos perdieron la bendición que les habría sido otorgada, si hubieran solicitado que fuera su huésped.

Podemos maravillarnos de este trato descortés hacia la Majestad del cielo; pero cuán frecuentemente somos nosotros, los que profesamos ser seguidores de Cristo, culpables de un descuido similar. ¿Le pedimos a Jesús que haga su morada en nuestros corazones y en nuestros hogares? El está lleno de amor, de gracia, de bendición, y está listo para concedernos estos dones; pero, a semejanza de los samaritanos, muchas veces nos contentamos sin ellos.

Los discípulos estaban conscientes del propósito que Cristo tenía de bendecir a los samaritanos con su presencia; cuando vieron la frialdad, los celos, y la falta de respeto manifestados hacia su Maestro, se llenaron de sorpresa e indignación. Santiago y Juan estaban especialmente excitados. Que el que ellos tan altamente reverenciaban fuera tratado de esta suerte, les parecía un crimen demasiado grande para ser pasado por alto sin un castigo inmediato. En su celo le dijeron: "Señor, ¿quieres que mandemos que descienda fuego del cielo, como hizo Elías, y los consuma?" Lucas 9:54. Se referían a la destrucción de dos capitanes y sus compañías enviados para tomar al profeta Elías.

Jesús reprendió a sus discípulos diciendo: "Vosotros no sabéis de qué espíritu sois; porque el Hijo del hombre no ha venido para perder las almas de los hombres, sino para salvarlas". Lucas 9:55, 56. Juan y los otros discípulos estaban en una escuela, en la cual Cristo era el Maestro. Los que estaban listos para ver sus propios defectos, y se sentían ansiosos de mejorar su carácter, tenían amplia oportunidad de lograrlo. Juan atesoraba cada lección, y constantemente trataba de colocar su vida en armonía con el Modelo divino. Las lecciones de Jesús, que enseñaban que la mansedumbre, la humildad y el amor eran esenciales para el crecimiento en la gracia, y un requisito que los capacitaba para su trabajo, eran del más alto valor para Juan. Estas lecciones nos son dirigidas a nosotros como individuos y como hermanos en la iglesia, así como a los primeros discípulos de Cristo.

Juan y Judas

Puede obtenerse una lección instructiva del notable contraste entre el carácter de Juan y el de Judas. Juan era una ilustración viva de santificación. Por el otro lado, Judas poseía una forma de piedad, mientras su carácter era más satánico que divino. Profesaba ser discípulo de Cristo, pero en palabras y obras lo negaba.

Judas tenía las mismas preciosas oportunidades que Juan para estudiar e imitar el Modelo. Escuchaba las lecciones de Cristo, y su carácter debía haberse transformado por la gracia divina. Pero mientras Juan luchaba fervorosamente contra sus propias faltas, y trataba de asimilarse a Cristo, Judas estaba violando su conciencia, cediendo a la tentación, y formando en su persona hábitos de deshonestidad que lo iban a transformar a la imagen de Satanás.

Estos dos discípulos representan el mundo cristiano. Todos profesan ser seguidores de Cristo; pero mientras una clase anda en humildad y mansedumbre, aprendiendo de Jesús, la otra muestra que no se compone de hacedores de la verdad, sino de oidores solamente. Una clase está santificada por medio de la verdad; la otra no sabe nada del poder transformador de la gracia divina. La primera está muriendo todos los días al yo y está venciendo el pecado. La última complace sus propios deseos, y sus miembros se constituyen en siervos de Satanás.

Capítulo 8—La vida de un gran héroe de Dios

El apostol San Juan pasó sus primeros años en compañía de los incultos pescadores de Galilea. No gozaba de la educación que proporcionaban los colegios; pero por medio de su asociación con Cristo, el gran Maestro, obtuvo la más alta educación que el hombre mortal puede recibir. Bebía ávidamente de la fuente de sabiduría, y luego trataba de guiar a otros a esa "fuente de agua" que salta "para vida eterna". Juan 4:14. La sencillez de sus palabras, el sublime poder de las verdades que pronunciaba, y el fervor espiritual que caracterizaba sus enseñanzas, le dieron acceso a todas las clases sociales. Sin embargo, aun los creyentes eran incapaces de comprender plenamente los sagrados misterios de la verdad divina expuestos en sus discursos. El parecía estar constantemente imbuido del Espíritu Santo. Trataba de conseguir que los pensamientos de la gente captaran lo invisible. La sabiduría con la cual hablaba, hacía que sus palabras destilasen como el rocío, enterneciendo y subyugando el alma.

Después de la ascensión de Cristo, Juan se destaca como un trabajador ardiente y fiel por el Maestro. Juntamente con otros gozó del derramamiento del Espíritu en el día de Pentecostés, y con celo y poder renovados continuó hablando a la gente las palabras de vida. Fue amenazado con prisión y muerte, pero no se intimidó.

Multitudes de todas clases acuden a escuchar la predicación de los apóstoles, y son sanadas de sus enfermedades en el nombre de Jesús, el nombre tan odiado entre los judíos. Los sacerdotes y los gobernantes son frenéticos en su oposición, al ver que los enfermos son sanados, y Jesús es exaltado como el Príncipe de vida. Temían que pronto el mundo entero creyera en él, y que entonces ellos fueran acusados de asesinar al poderoso Sanador. Pero cuanto mayores son sus esfuerzos por detener esta excitación, más personas creen en él, y se vuelven a él y se apartan de las enseñanzas de los escribas y fariseos. Están llenos de indignación, y echando mano de Pedro y Juan, los echan en la prisión común. Pero el ángel del Señor, de noche, abre las puertas de la cárcel, los saca fuera, y dice: "Id, y puestos en pie en el templo, anunciad al pueblo todas las palabras de esta vida". Hechos 5:20.

Con fidelidad y fervor, Juan dio testimonio por su Señor en toda ocasión apropiada. El vio que los tiempos estaban llenos de peligro para la iglesia. Existían por doquiera engaños satánicos. Las mentes del pueblo vagaban por los laberintos del escepticismo y las doctrinas engañosas. Algunos que pretendían ser leales a la causa de Dios, eran engañadores. Negaban a Cristo y su Evangelio, e introducían herejías perjudiciales y vivían transgrediendo la ley divina.

El tema favorito de Juan

El tema favorito de Juan era el amor infinito de Cristo. El creía en Dios como un hijo cree en un padre bondadoso y tierno. Entendía el carácter y la obra de Jesús; y cuando vio a sus hermanos judíos recorriendo a tientas su camino sin un rayo del Sol de justicia que iluminara su senda, anheló presentarles a Jesús, la Luz del mundo.

El fiel apóstol vio que su ceguedad, su orgullo, superstición e ignorancia de las Escrituras, estaban atando sus almas con cadenas que nunca serían quebrantadas. El prejuicio y el odio que contra Cristo albergaban obstinadamente estaban trayendo ruina sobre ellos como nación, y destruyendo sus esperanzas de vida eterna. Pero Juan continuaba presentándoles a Cristo como el único camino de salvación. La evidencia de que Jesús de Nazaret era el Mesías resultaba tan clara que Juan manifiesta que ningún hombre necesita andar en las tinieblas del error mientras esa luz le es ofrecida.

Tristeza producida por errores ponzoñosos

Juan vivió para ver el Evangelio de Cristo predicarse lejos y cerca, y a miles aceptando ávidamente sus enseñanzas. Pero se vio lleno de tristeza al percibir errores ponzoñosos que se introducían en la iglesia. Algunos que aceptaban a Cristo pretendían que su amor los libraba de la obediencia a la ley de Dios. Por otra parte, muchos enseñaban que debía observarse la letra de la ley, y también todas las costumbres y ceremonias judaicas, y que esto era suficiente para la salvación, sin la sangre de Cristo. Sostenían que Cristo era un buen hombre, como los apóstoles, pero negaban su divinidad. Juan vio los peligros a que estaría expuesta la iglesia, si recibía esas ideas, y les hizo frente con rapidez y decisión. Escribió a uno de los más honorables colaboradores en el Evangelio, una mujer de buena reputación y extensa influencia, lo siguiente:

"Muchos engañadores han salido por el mundo, que no confiesan que Jesucristo ha venido en carne. Quien esto hace es el engañador y el anticristo. Mirad por vosotros mismos, para que no perdáis el fruto de vuestro trabajo, sino que recibáis galardón completo. Cualquiera que se extravía, y no persevera en la doctrina de Cristo, no tiene a Dios; el que persevera en la doctrina de Cristo, ése sí tiene al Padre y al Hijo. Si alguno viene a vosotros, y no trae esta doctrina, no lo recibáis en casa, ni le digáis: ¡Bienvenido! Porque el que le dice: ¡Bienvenido! participa en sus malas obras". 2 Juan 7-11.

Juan no había de proseguir su labor sin grandes inconvenientes. Satanás no estaba ocioso. Instigaba a hombres malos a acortar la vida útil de este hombre de Dios; pero los ángeles lo protegían de sus asaltos. Juan había de permanecer como un fiel testigo de Cristo. La iglesia en su peligro necesitaba su testimonio.

Valiéndose de interpretaciones erróneas y falsedades los emisarios de Satanás habían tratado de suscitar la oposición contra Juan, y contra la doctrina de Cristo. En consecuencia, disensiones y herejías estaban haciendo peligrar la iglesia. Juan hizo frente a estos errores con firmeza. Interrumpió el camino de los adversarios de la verdad. Escribió y exhortó en el sentido de que los dirigentes de estas herejías no debían recibir el menor estímulo. Hoy en día existen peligros similares a aquellos que amenazaron la prosperidad de la iglesia primitiva, y las enseñanzas de los apóstoles sobre estos puntos deben ser claramente escuchadas. "Debes tener caridad", es el clamor que debe oírse por doquiera, especialmente por parte de aquellos que profesan santificación. Pero la caridad es demasiado pobre para cubrir el pecado inconfeso. Las enseñanzas de Juan son importantes para aquellos que viven en medio de los peligros de los últimos días. El había estado íntimamente asociado con Cristo, había escuchado sus enseñanzas, y había presenciado sus poderosos milagros. Presentaba un convincente testimonio, que hacía que las falsedades de sus enemigos no tuvieran ningún efecto.

Ninguna transigencia con el pecado

Juan gozó la bendición de la verdadera santificación. Pero notad, el apóstol no pretende estar sin pecado; busca la perfección al andar en la luz del rostro de Dios. Testifica que el hombre que profesa conocer a Dios, y sin embargo quebranta la ley divina, da un mentís a su profesión. "El que dice: Yo le conozco, y no guarda sus mandamientos, el tal es mentiroso, y la verdad no está en él". 1 Juan 2:4. En esta época que se jacta de liberalidad, estas palabras son calificadas como fanatismo. Pero el apóstol enseña que aunque debemos manifestar cortesía cristiana, estamos autorizados a llamar al pecado y a los pecadores por sus nombres correctos, pues esto es consecuente con la verdadera caridad. Aunque debemos amar las almas por las cuales Cristo murió, y trabajar por su salvación, no debemos transigir con el pecado. No hemos de unirnos con la rebelión, y llamar a esto caridad. Dios exige que su pueblo en esta época del mundo se mantenga firme, como Juan en su tiempo, en defensa de lo recto, en oposición a los errores destructores del alma.

No existe santificación sin obediencia

Me he encontrado con muchas personas que pretenden vivir sin pecado. Pero cuando son probadas por la Palabra de Dios, resultan ser transgresores abiertos de su santa ley. Las más claras evidencias de la perpetuidad y de la fuerza rectora del cuarto mandamiento, no resultaban suficientes para despertar la conciencia. No negaban los requisitos de Dios, pero se aventuraban a excusarse en la transgresión del sábado. Pretendían estar santificados, y servir a Dios todos los días de la semana. Hay muchas personas, decían ellos, que no guardan el sábado. Si los hombres estuvieran santificados, ninguna condenación descansaría sobre ellos aun cuando no lo observaran. Dios es demasiado misericordioso para castigarlos por no guardar el séptimo día. Si observaran el sábado, serían considerados como raros en la comunidad y no tendrían ninguna influencia en el mundo. Y ellos deben estar sujetos a los poderes que gobiernan.

Una mujer de Nueva Hampshire presentó su testimonio en una reunión pública, explicando que la gracia de Dios regía en su corazón, y que ella pertenecía plenamente al Señor. Entonces expresó su creencia de que este pueblo estaba haciendo mucho bien al despertar a los pecadores para ver su peligro. Dijo: "El sábado que este pueblo nos presenta, es el único sábado de la Biblia"; y entonces declaró que había pensado mucho en el asunto. Vio delante de ella muchas pruebas a las que debía hacer frente si guardaba el sábado. El próximo día vino a la reunión y de nuevo dio testimonio, diciendo que había preguntado al Señor si debía guardar el sábado, y que él le había dicho que no necesitaba hacerlo. Su mente estaba tranquila ahora sobre ese tema. Entonces dio una fuerte exhortación a todos a venir al amor perfecto de Jesús, donde no había condenación para el alma.

Esta mujer no poseía la santificación genuina. No era Dios quien le dijo que podía estar santificada mientras viviera en desobediencia a uno de sus claros mandamientos. La ley de Dios es sagrada, y nadie puede transgredirla impunemente. El que le dijo que podía continuar quebrantando la ley de Dios y estar sin pecado era el príncipe de las potestades de las tinieblas, el mismo que le dijo a Eva en el Edén, por medio de la serpiente: "No moriréis". Génesis 3:4. Eva se engañaba a sí misma razonando que Dios era demasiado bueno para castigarla por desobedecer sus expresos mandamientos. El mismo falso razonamiento es presentado por millares como excusa por su desobediencia del cuarto mandamiento. Los que tienen la mente de Cristo observarán todos los mandamientos, sean cuales fueren las circunstancias. La Majestad del cielo dice: "Yo he guardado los mandamientos de mi Padre". Juan 15:10.

Adán y Eva osaron transgredir los requerimientos del Señor, y los terribles resultados de su pecado deben ser una amonestación para nosotros a no seguir su ejemplo de desobediencia. Cristo oró por sus discípulos con estas palabras: "Santifícalos en tu verdad; tu palabra es verdad". Juan 17:17. No hay santificación genuina sino por medio de la obediencia a la verdad. Los que aman a Dios con todo el corazón amarán todos sus mandamientos también. El corazón santificado está en armonía con los preceptos de la ley de Dios, porque ellos son santos, justos y buenos.

Dios no ha cambiado

El carácter de Dios no ha cambiado. El es el mismo Dios celoso como lo fue cuando dio su ley sobre el Sinaí, y la escribió con su propio dedo sobre las tablas de piedra. Los que pisotean la santa ley de Dios pueden decir: "Estoy santificado"; pero el estar verdaderamente santificado y pretender santificación son dos cosas diferentes.

El Nuevo Testamento no ha cambiado la Ley de Dios. El carácter sagrado del sábado del cuarto mandamiento está tan firmemente establecido como el trono de Jehová: "Todo aquel que comete pecado, infringe también la ley; pues el pecado es infracción de la ley. Y sabéis que él apareció para quitar nuestros pecados, y no hay pecado en él. Todo aquel que permanece en él, no peca; todo aquel que peca, no le ha visto, ni le ha conocido". 1 Juan 3:4-6. Estamos autorizados a tener la misma apreciación que la que tuvo el amado discípulo hacia aquellos que pretenden permanecer en Cristo y ser santificados mientras viven en la transgresión de la ley de Dios. El se encontró con la misma clase de personas que nosotros. Dijo: "Hijitos, nadie os engañe; el que hace justicia es justo, como él es justo. El que práctica el pecado es del diablo; porque el diablo peca desde el principio". 1 Juan 3:7, 8. Aquí el apóstol habla en términos claros al considerar el tema.

Las epístolas de Juan están saturadas de un espíritu de amor. Pero cuando él se enfrenta con esa clase de personas que quebrantan la ley de Dios y sin embargo pretenden estar viviendo sin pecado, no vacila en amonestarlas acerca de su terrible engaño. "Si decimos que tenemos comunión con él, y andamos en tinieblas, mentimos, y no practicamos la verdad; pero si andamos en luz, como él está en luz, tenemos comunión unos con otros, y la sangre de Jesucristo su Hijo nos limpia de todo pecado. Si decimos que no tenemos pecado, nos engañamos a nosotros mismos, y la verdad no está en nosotros. Si confesamos nuestros pecados, él es fiel y justo para perdonar nuestros pecados, y limpiarnos de toda maldad. Si decimos que no hemos pecado, lo hacemos a él mentiroso, y su palabra no está en nosotros". 1 Juan 1:6-10.

Capítulo 9—Un noble apóstol en el exilio

El maravilloso éxito que acompañó a la predicación del Evangelio por parte de los apóstoles y sus colaboradores aumentó el odio de los enemigos de Cristo. Estos hicieron todo esfuerzo posible por estorbar su progreso, y finalmente tuvieron éxito en obtener de su parte el poder del emperador romano contra los cristianos. Se realizó una terrible persecución, en la cual muchos de los seguidores de Cristo fueron muertos. El apóstol Juan era ahora un hombre de edad; pero con gran celo y éxito continuaba predicando la doctrina de Cristo. Tenía un testimonio de poder, que sus adversarios no podían controvertir, y que animaba grandemente a sus hermanos.

Cuando la fe de los cristianos parecía vacilar bajo la fiera oposición a la que los obligaron a hacer frente, el apóstol repetía con gran dignidad, poder y elocuencia: "Lo que era desde el principio, lo que hemos oído, lo que hemos visto con nuestros ojos, lo que hemos contemplado, y palparon nuestras manos tocante al Verbo de vida ...; lo que hemos visto y oído, eso os anunciamos, para que también vosotros tengáis comunión con nosotros; y nuestra comunión verdaderamente es con el Padre, y con su Hijo Jesucristo". 1 Juan 1:1, 3.

El más acerbo odio fue encendido contra Juan por su invariable fidelidad a la causa de Cristo. Era el último sobreviviente de los discípulos que estuvieron íntimamente relacionados con Jesús; y sus enemigos decidieron que su testimonio debía ser silenciado. Si esto podía hacerse, pensaban que la doctrina de Cristo no se expandiría; y si la trataban con severidad, pronto moriría en el mundo. De acuerdo con esto Juan fue citado a Roma para ser probado por su fe. Sus doctrinas eran expuestas falsamente. Testigos falsos lo acusaron como sedicioso, que enseñaba teorías que revolucionarían la nación.

El apóstol presentó su fe de una manera clara y convincente, con tal sencillez y candor que sus palabras tuvieron un efecto poderoso. Sus oidores estaban atónitos de su sabiduría y elocuencia. Pero cuanto más convincente era su testimonio, más profundo se tornaba el odio de aquellos que se oponían a la verdad. El emperador se llenó de ira, y blasfemó del nombre de Dios y de Cristo. No podía controvertir el razonamiento del apóstol, ni igualar el poder con que exponía la verdad, y determinó silenciar a su fiel abogado.

El testigo de Dios no fue silenciado

Acá podemos ver cuán duro se vuelve el corazón cuando obstinadamente se opone a los propósitos de Dios. Los adversarios de la iglesia estaban determinados a mantener su orgullo y poder ante el pueblo. Por decreto del emperador, Juan fue desterrado a la isla de Patmos, condenado, como él nos dice, "por causa de la palabra de Dios y el testimonio de Jesucristo". Apocalipsis 1:9.

Pero los enemigos de Cristo fracasaron completamente en su propósito de silenciar al fiel testigo del Señor. Desde su lugar de exilio resuena la voz del apóstol, alcanzando aun hasta el fin del tiempo, para proclamar las más emocionantes verdades que alguna vez fueron presentadas a los mortales.

Patmos, una isla desierta y rocosa del mar Egeo, había sido elegida por el gobierno romano como un lugar de destierro para los criminales. Pero para el siervo de Dios, esta tenebrosa residencia resultó ser la puerta del cielo. El fue aislado de las bulliciosas escenas de la vida y del trabajo activo como evangelista; pero no fue excluido de la presencia de Dios. En su desolado hogar podía comulgar con el Rey de reyes, y estudiar más estrechamente las manifestaciones del poder divino en el libro de la naturaleza y en las páginas de la inspiración. Se deleitaba en meditar en la gran obra de la creación, y en glorificar el poder del Arquitecto divino. En los primeros años sus ojos habían sido alegrados por el panorama de colinas cubiertas de bosques, verdes valles, y llanuras fructíferas; y en todas las hermosuras de la naturaleza se había deleitado en descubrir la sabiduría y el poder del Creador. Ahora se hallaba rodeado de escenas que para muchos parecerían sombrías y carentes de interés. Pero para Juan era de otra manera. El podía leer las más importantes lecciones en las rocas agrestes y desoladas, los misterios del grande abismo, y las glorias del firmamento. Para él, todo llevaba la impresión del poder de Dios, y declaraba su gloria.

La voz de la naturaleza

El apóstol contemplaba a su alrededor los testimonios del diluvio, que inundó a la tierra porque sus habitantes se atrevieron a transgredir la ley de Dios. Las rocas, arrojadas desde el profundo abismo y desde la tierra, por la fuerza arrolladora de las aguas, traían vívidamente a su imaginación los horrores de aquella pavorosa manifestación de la ira de Dios.

Pero en tanto que todo lo que lo rodeaba parecía desolado y desierto, los cielos azules que se extendían encima del apóstol por sobre la solitaria Patmos, eran tan brillantes y hermosos como los cielos que se extendían por encima de su propia y amada Jerusalén. Observe el hombre alguna vez la gloria del cielo en las horas de la noche, y note la obra del poder de Dios en las huestes allí presentes, y aprenderá una lección de la grandeza del Creador en contraste con su propia pequeñez. Si ha albergado orgullo y un espíritu de importancia propia debido a las riquezas, los talentos o los atractivos personales, salga afuera en la noche hermosa, y mire hacia arriba los cielos estrellados, y aprenda a humillar su orgulloso espíritu en la presencia del Infinito.

En la voz de las muchas aguas —el abismo llama al abismo—, el profeta oyó la voz del Creador. El mar, fustigado con fiereza por los vientos inclementes, representaba para él la ira de un Dios ofendido. Las poderosas olas, en su más terrible conmoción, mantenidas dentro de sus límites señalados por una mano invisible, le hablaban a Juan de un infinito poder que gobierna el abismo. Y en contraste vio y sintió la insensatez de los débiles mortales, meros gusanos del polvo, que se glorían de su sabiduría y fortaleza, y enaltecen su corazón contra el Creador del universo, como si Dios fuera completamente igual a ellos. ¡Cuán ciego y sin sentido es el orgullo humano! Una hora de las bendiciones de Dios en la luz del sol y la lluvia sobre la tierra, hará más para cambiar el rostro de la naturaleza que lo que el hombre, con todo su jactancioso conocimiento y perseverantes esfuerzos, podrá realizar durante todo el tiempo de su vida.

En los alrededores de su hogar isleño, el exiliado profeta leía las manifestaciones del poder divino, y a través de todas las obras de la naturaleza mantuvo comunión con su Dios. Desde la rocosa Patmos subían al cielo el más ardiente anhelo del alma por Dios y las más fervorosas oraciones. Mientras Juan miraba las rocas, recordaba a Cristo, la Roca de su fortaleza, en cuyo abrigo podía esconderse sin temor.

Un observador del sábado

El día del Señor mencionado por Juan era el sábado, el día en el cual Jehová descansó de su gran obra de creación, el que él bendijo y santificó porque había descansado en él. El sábado fue tan sagradamente observado por Juan en la isla de Patmos como cuando estaba entre el pueblo, predicando en ese día. Junto a las rocas desiertas que lo rodeaban, Juan se acordaba de la roca de Horeb, y cómo, cuando Dios pronunció su ley a oídos del pueblo que allí estaba, dijo: "Acuérdate del día de reposo para santificarlo". Éxodo 20:8.

El Hijo de Dios habló a Moisés desde la cumbre de la montaña. Dios hizo de las rocas su santuario. Su templo eran las colinas eternas. El divino Legislador descendió sobre la rocosa montaña para pronunciar su ley a oídos de todo el pueblo, a fin de que sus hijos pudieran ser impresionados por la grandiosa y pavorosa exhibición de su poder y gloria, y temiesen transgredir su mandamiento. Dios pronunció su ley en medio de truenos y relámpagos y la espesa nube que estaba en la cumbre de la montaña, y su voz era como voz de trompeta de gran intensidad. La ley de Jehová no podía ser cambiada, y las tablas en las cuales él escribió la ley eran de sólida piedra, lo cual simbolizaba la inmutabilidad de sus preceptos. El rocoso Horeb llegó a ser un lugar sagrado para todos los que amaban y reverenciaban la ley de Dios.

A solas con Dios

Mientras Juan contemplaba las escenas de Horeb, el Espíritu de Aquel que santificó el séptimo día, vino sobre él. Contempló el pecado de Adán y la transgresión de la ley divina, y el terrible resultado de esa violación. El amor infinito de Dios, al dar a su Hijo para redimir a la raza perdida, parecía demasiado grande para ser expresado en el lenguaje humano. Como lo presenta en su epístola, él pide que la iglesia y el mundo lo contemplen. "Mirad cuál amor nos ha dado el Padre, para que seamos llamados hijos de Dios; por esto el mundo no nos conoce, porque no le conoció a él". 1 Juan 3:1. Era un misterio para Juan que Dios pudiera dar a su Hijo para morir por el hombre rebelde. Y lo desconcertaba el hecho de que el plan de salvación, trazado a un costo tan grande por el cielo, fuera rehusado por aquellos para quienes el sacrificio infinito había sido hecho.

Juan estaba, por así decirlo, a solas con Dios. Al aprender más del carácter divino, por medio de las obras de la creación, su reverencia hacia Dios aumentaba. A menudo se preguntó a sí mismo: ¿Por qué los hombres, que dependen tan completamente de Dios, no tratan de estar en paz con él por una obediencia voluntaria? El es infinito en sabiduría, y no hay límite para su poder. Controla los cielos con sus mundos incontables. Mantiene en perfecta armonía la grandiosidad y la hermosura de las cosas que ha creado. El pecado es la transgresión de la ley de Dios; y la penalidad del pecado es la muerte. No habría habido discordia en el cielo o en la tierra, si el pecado no hubiera entrado jamás. La desobediencia a la ley divina ha traído toda la miseria que ha existido entre las criaturas de Dios. ¿Por qué los hombres no se reconcilian con su Señor?

No es algo liviano pecar contra Dios: erigir la perversa voluntad del hombre en oposición a la voluntad de su Hacedor. Conviene a los mejores intereses de los hombres, aun en este mundo, obedecer los mandamientos de Dios. Y conviene, por cierto, a su eterno interés someterse a Dios y estar en paz con él. Las bestias del campo obedecen la ley de su Creador en el instinto que las gobierna. El habla al orgulloso océano: "Hasta aquí llegarás, y no pasarás adelante" (Job 38:11), y las aguas obedecen su palabra con prontitud. Los planetas son gobernados en orden perfecto, obedeciendo las leyes que Dios ha establecido. De todas las criaturas que Dios ha hecho sobre la tierra, sólo el hombre se ha rebelado. Sin embargo, posee facultades de razonamiento para comprender las exigencias de la ley divina, y una conciencia para sentir la culpabilidad de la transgresión por una parte, y la paz y el gozo de la obediencia por la otra. Dios lo hizo un agente moral libre, para obedecer o desobedecer. La recompensa de la vida eterna--un eterno peso de gloria--se promete a los que hacen la voluntad de Dios, en tanto que la amenaza de su ira pende sobre los que desafían su ley.

La majestad de Dios

Cuando Juan meditaba en la gloria de Dios desplegada en sus obras, se sentía agobiado por la grandeza y la majestad del Creador. Si todos los habitantes de este pequeño mundo rehusaran obedecer a Dios, el Señor no sería dejado sin gloria. Eliminaría todo mortal de la faz de la tierra en un momento, y crearía una nueva raza para poblarla y glorificar su nombre. Dios no depende del hombre para el honor. El podría ordenar a las huestes estrelladas de los cielos, los millones de mundos del firmamento, que elevaran un canto de honor, alabanza y gloria a su Creador. "Celebrarán los cielos tus maravillas, oh Jehová, tu verdad también en la congregación de los santos. Porque ¿quién en los cielos se igualará a Jehová? ¿Quién será semejante a Jehová entre los hijos de los potentados? Dios temible en la grande congregación de los santos, y formidable sobre todos cuantos están alrededor de él". Salmos 89:5-7.

Una visión de Cristo

Juan invita a rememorar los maravillosos incidentes de los cuales fue testigo en la vida de Cristo. En su imaginación goza de nuevo de las preciosas oportunidades con las cuales una vez se vio favorecido, y se siente grandemente confortado. De repente su meditación se detiene; alguien le habla en tonos distintos y claros. Se da vuelta para ver de dónde viene la voz, y he aquí ¡contempla a su Señor, a quien él ha amado, con quien ha caminado y ha hablado, y cuyo sufrimiento sobre la cruz ha presenciado! ¡Pero cuán cambiada es la apariencia del Salvador! Ya no es "varón de dolores, experimentado en quebranto". Isaías 53:3. No tiene las marcas de su humillación. Sus ojos son como llama de fuego; sus pies como fino bronce, como cuando brilla en un horno. Los tonos de su voz son como el sonido musical de muchas aguas. Su semblante brilla como el sol en la gloria del mediodía. En su mano hay siete estrellas, que representan los ministros de las iglesias. De su boca sale una aguda espada de doble filo, emblema del poder de su palabra.

Juan, que tanto amaba a su Señor, que se había adherido tan firmemente a la verdad pese a la prisión, los azotes y la muerte que lo amenazaba, no puede soportar la excelente gloria de la presencia de Cristo, y cae a tierra como herido de muerte. Jesús entonces coloca su mano sobre el cuerpo postrado de su siervo, diciendo: "No temas; yo soy ... el que vivo, y estuve muerto; mas he aquí que vivo por los siglos de los siglos". Apocalipsis 1:17, 18. Juan fue fortalecido para vivir en la presencia de su glorificado Señor; y entonces se presentaron delante de él en santa visión los propósitos de Dios para las edades futuras. Los gloriosos atractivos del hogar celestial le fueron manifestados. Se le permitió mirar el trono de Dios, y contemplar la muchedumbre de redimidos vestidos de vestiduras blancas. Escuchó la música de los ángeles celestiales, y los cánticos de triunfo que elevaban aquellos que habían vencido por la sangre del Cordero y por la palabra de su testimonio.

La humildad de Juan

Al discípulo amado le fueron concedidos privilegios que raramente conocieron otros mortales. Y sin embargo se había asimilado tan estrechamente con el carácter de Cristo, que el orgullo no encontró lugar en su corazón. Su humildad no consistía en una mera profesión; era una gracia que lo cubría tan naturalmente como un vestido. Siempre trataba de esconder sus propios actos justos, e impedir cualquier cosa que pudiera atraer la atención a sí mismo. En su Evangelio, Juan menciona al discípulo al cual Jesús amó, pero esconde el hecho de que el discípulo así honrado era él mismo. Su conducta era carente de egoísmo. En su vida cotidiana enseñaba y practicaba la caridad en el sentido más pleno. Tenía un alto concepto del amor que debe existir entre los hermanos naturales y los hermanos cristianos. Presenta e insiste en la práctica de este amor como una característica esencial de los seguidores de Jesús. Sin la presencia de esta caridad, todas las pretensiones de llevar el nombre de cristianos son vanas.

Juan era un maestro de la santidad práctica. Presenta reglas inequívocas para la conducta de los cristianos. Deben ser puros de corazón, correctos en sus maneras. En ningún caso deben estar satisfechos con una profesión vacía. Declara con términos inequívocos que ser cristiano es ser semejante a Cristo.

La vida de Juan era una vida de esfuerzo ferviente para conformarse con la voluntad de Dios. El apóstol siguió a su Salvador tan estrechamente, y tenía un sentido tal de la pureza y la exaltada santidad de Cristo, que su propio carácter aparecía, en contraste, excesivamente defectuoso. Y cuando Jesús en su cuerpo glorificado, le apareció a Juan, fue suficiente una vislumbre de su gloria para que el apóstol cayera como muerto. Tales serán siempre los sentimientos de aquellos que conocen mejor a su Señor y Maestro. Cuanto más de cerca contemplan la vida y el carácter de Jesús, más profundamente sentirán su propia pecaminosidad, y tanto menos estarán dispuestos a pretender santidad de corazón, o a jactarse de su santificación.

Capítulo 10—Alcancemos un carácter perfecto

El carácter del cristiano se muestra por su vida diaria. Dijo Cristo: "Así, todo buen árbol da buenos frutos, pero el árbol malo da frutos malos". Mateo 7:17. Nuestro Salvador se compara a sí mismo con una vid, de la cual sus seguidores son las ramas. Declara sencillamente que todos los que quieren ser sus discípulos deben llevar frutos; y entonces muestra cómo pueden llegar a ser ramas fructíferas. "Permaneced en mí, y yo en vosotros. Como el pámpano no puede llevar fruto de sí mismo, si no permanece en la vid, así tampoco vosotros, si no permanecéis en mí". Juan 15:4.

El apóstol Pablo describe el fruto que el cristiano ha de llevar. El dice que es "en toda bondad, justicia y verdad". Efesios 5:9. Y de nuevo leemos: "Mas el fruto del Espíritu es amor, gozo, paz, paciencia, benignidad, bondad, fe, mansedumbre, templanza". Gálatas 5:22, 23. Estas preciosas gracias son sólo los principios de la ley de Dios cristalizados en la vida.

La ley de Dios es la única verdadera norma de perfección moral. Esa ley fue ejemplificada prácticamente en la vida de Cristo. El dice de sí mismo: "Yo he guardado los mandamientos de mi padre". Juan 15:10. Nada menos que esta obediencia hará frente a los requisitos de la Palabra de Dios. "El que dice que permanece en él, debe andar como él anduvo". 1 Juan 2:6. No podemos afirmar que somos incapaces de hacerlo, porque tenemos la seguridad: "Bástate mi gracia". 2 Corintios 12:9. Al mirarnos en el espejo divino, la ley de Dios, vemos el carácter excesivamente pecaminoso del pecado, y nuestra propia condición perdida como transgresores. Pero por el arrepentimiento y la fe somos justificados delante de Dios, y por la gracia divina capacitados para prestar obediencia a sus mandamientos.

El amor hacia Dios y el hombre

Aquellos que tienen un amor genuino hacia Dios, manifestarán un ferviente deseo de conocer su voluntad y de realizarla. Dice el apóstol Juan, cuyas epístolas tratan tanto acerca del amor: "Este es el amor a Dios, que guardemos sus mandamientos". 1 Juan 5:3. El hijo que ama a sus padres manifestará ese amor por una obediencia voluntaria; pero el niño egoísta, desagradecido, trata de hacer tan poco como sea posible por sus padres, en tanto que al mismo tiempo desea gozar de todos los privilegios concedidos a un hijo fiel y obediente. La misma diferencia se ve entre los que profesan ser hijos de Dios. Muchos que saben que son los objetos del amor y cuidado de Dios, y que desean recibir sus bendiciones, no encuentran placer en hacer su voluntad. Consideran los requisitos de Dios para con ellos como una restricción desagradable, sus mandamientos como un yugo gravoso. Pero el que está buscando verdaderamente la santidad del corazón y la vida, se deleita en la ley de Dios, y se lamenta únicamente de que esté tan lejos de cumplir sus requerimientos.

Se nos ordena amarnos los unos a los otros como Cristo nos amó a nosotros. El ha manifestado su amor deponiendo su vida para redimirnos. El discípulo amado dice que debemos estar dispuestos a poner nuestras vidas por los hermanos. Pues "todo aquel que ama al que engendró, ama también al que ha sido engendrado por él". 1 Juan 5:1. Si amamos a Cristo, amaremos también a los que se le parecen en su vida y carácter. Y no solamente así, sino que también amaremos a aquellos que están "sin esperanza y sin Dios en el mundo". Efesios 2:12. Fue para salvar a los pecadores por lo que Cristo dejó su hogar en el cielo, y vino a la tierra a sufrir y a morir. Por esto él sufrió y agonizó y oró, hasta que, con el corazón quebrantado y abandonado por aquellos a quienes vino a salvar, derramó su vida en el Calvario.

Imitemos al modelo

Muchos se apartan de una vida tal como la que vivió nuestro Salvador. Sienten que requiere un sacrificio demasiado grande imitar al Modelo, llevar frutos en buenas obras, y luego soportar pacientemente las podas de Dios para que lleven más frutos. Cuando el cristiano se considera a sí mismo sólo como un humilde instrumento en las manos de Cristo, y trata de realizar con fidelidad todos los deberes, descansando en la ayuda que Dios ha prometido, entonces llevará el yugo de Cristo y lo encontrará liviano; llevará cargas por Cristo, y las hallará ligeras. Alzará su vista con valor y confianza y dirá: "Yo sé a quién he creído, y estoy seguro que es poderoso para guardar mi depósito para aquel día". 2 Timoteo 1:12.

Si hacemos frente a obstáculos en nuestra senda, y los vencemos fielmente; si hallamos oposición y vituperio, y en el nombre de Cristo obtenemos la victoria; si llevamos responsabilidades y cumplimos nuestros deberes con el espíritu de nuestro Maestro, entonces, por cierto, obtenemos un precioso conocimiento de su fidelidad y poder. No dependemos más de la experiencia de otros, porque tenemos el testimonio en nosotros mismos. A semejanza de los samaritanos de antaño, podemos decir: "Nosotros mismos hemos oído, y sabemos que verdaderamente éste es el Salvador del mundo, el Cristo". Juan 4:42.

Cuanto más contemplemos el carácter de Cristo, y cuanto más experimentemos su poder salvador, más agudamente nos daremos cuenta de nuestra propia debilidad e imperfección, y más fervientemente consideraremos a Cristo como nuestra fortaleza y nuestro Redentor. No tenemos poder en nosotros mismos para limpiar el templo del alma de su contaminación; pero cuando nos arrepentimos de nuestros pecados contra Dios, y buscamos el perdón en virtud de los méritos de Cristo, él impartirá esa fe que obra por amor y purifica el corazón. Por fe en Cristo, y por la obediencia de la ley de Dios, podemos ser santificados, y así obtener la preparación para asociarnos con los santos ángeles y con los redimidos de albos mantos en el reino de gloria.

Es nuestro privilegio unirnos con Cristo

No es solamente el privilegio sino también el deber de todo cristiano mantener una íntima unión con Cristo, y tener una rica experiencia en las cosas de Dios. Entonces su vida será fructífera en buenas obras. Dijo Cristo: "En esto es glorificado mi Padre, en que llevéis mucho fruto". Juan 15:8. Cuando leemos acerca de la vida de hombres que han sido eminentes por su piedad, a menudo consideramos su experiencia y sus conquistas como muy fuera de nuestro alcance. Pero éste no es el caso. Cristo murió por todos; y se nos asegura en su Palabra que él está más dispuesto a dar su Espíritu Santo a los que se lo piden que los padres terrenales a dar buenas dádivas a sus hijos. Los profetas y apóstoles no perfeccionaron caracteres cristianos por milagro. Ellos utilizaron los medios que Dios había colocado a su alcance; y todos los que desean aplicar el mismo esfuerzo obtendrán los mismos resultados.

La oración de Pablo por la iglesia

En su carta a la iglesia de Efeso, Pablo les presenta "el misterio del Evangelio" (Efesios 6:19), "las inescrutables riquezas de Cristo" (Efesios 3:8), y entonces les asegura que elevará sus fervientes oraciones por su prosperidad espiritual:

"Doblo mis rodillas ante el Padre de nuestro Señor Jesucristo... que os dé, conforme a las riquezas de su gloria, el ser fortalecidos con poder en el hombre interior por su Espíritu; para que habite Cristo por la fe en vuestros corazones, a fin de que, arraigados y cimentados en amor, seáis plenamente capaces de comprender con todos los santos cuál sea la anchura, la longitud, la profundidad y la altura, y de conocer el amor de Cristo, que excede a todo conocimiento, para que seáis llenos de toda la plenitud de Dios". Efesios 3:14, 16-19.

También escribe a sus hermanos corintios, "santificados en Cristo Jesús": "Gracia y paz a vosotros, de Dios nuestro Padre y del Señor Jesucristo. Gracias doy a mi Dios siempre por vosotros, por la gracia de Dios que os fue dada en Cristo Jesús; porque en todas las cosas fuisteis enriquecidos en él, en toda palabra y en toda ciencia; así como el testimonio acerca de Cristo ha sido confirmado en vosotros, de tal manera que nada os falta en ningún don, esperando la manifestación de nuestro Señor Jesucristo". 1 Corintios 1:2, 3-7. Estas palabras son dirigidas no solamente a la iglesia de Corinto, sino a todos los hijos de Dios hasta el fin del tiempo. Todo cristiano debe gozar la bendición de la santificación.

El apóstol continúa con estas palabras: "Os ruego, pues, hermanos, por el nombre de nuestro Señor Jesucristo, que habléis todos una misma cosa, y que no haya entre vosotros divisiones, sino que estéis perfectamente unidos en una misma mente y en un mismo parecer". 1 Corintios 1:10. Pablo no les habría pedido que hicieran algo que fuera imposible. La unidad es el resultado seguro de la perfección cristiana.

En la epístola a los colosenses también se presentan los gloriosos privilegios otorgados a los hijos de Dios. "Habiendo oído de vuestra fe en Cristo Jesús, y del amor que tenéis a todos los santos... desde el día que lo oímos, no cesamos de orar por vosotros, y de pedir que seáis llenos del conocimiento de su voluntad en toda sabiduría e inteligencia espiritual, para que andéis como es digno del Señor, agradándole en todo, llevando fruto en toda buena obra, y creciendo en el conocimiento de Dios; fortalecidos con todo poder, conforme a la potencia de su gloria, para toda paciencia y longanimidad". Colosenses 1:4, 9-11.

La norma de la santidad

El propio apóstol estaba tratando de alcanzar la misma norma de santidad que les presentó a sus hermanos. Escribe a los filipenses: "Pero cuantas cosas eran para mí ganancia, las he estimado como pérdida por amor de Cristo. Y ciertamente, aun estimo todas las cosas como pérdida por la excelencia del conocimiento de Cristo Jesús, mi Señor... a fin de conocerle, y el poder de su resurrección, y la participación de sus padecimientos, llegando a ser semejante a él en su muerte, si en alguna manera llegase a la resurrección de entre los muertos. No que lo haya alcanzado ya, que ya sea perfecto; sino que prosigo, por ver si logro asir aquello para lo cual fui también asido por Cristo Jesús. Hermanos, yo mismo no pretendo haberlo ya alcanzado; pero una cosa hago: olvidando ciertamente lo que queda atrás, y extendiéndome a lo que está delante, prosigo a la meta, al premio del supremo llamamiento de Dios en Cristo Jesús". Filipenses 3:7, 8, 10-14.

Hay un notable contraste entre las pretensiones jactanciosas y llenas de justicia propia de los que profesan estar sin pecado, y el lenguaje sencillo del apóstol. Sin embargo, fue la pureza y la fidelidad de su vida lo que dio tal poder a las exhortaciones que dirigía a sus hermanos.

La voluntad de Dios

Pablo no vaciló en destacar, en toda oportunidad apropiada, la importancia de la santificación bíblica. El dice: "Pues la voluntad de Dios es vuestra santificación". 1 Tesalonicenses 4:3. "Por tanto, amados míos, como siempre habéis obedecido, no como en mi presencia solamente, sino mucho más ahora en mi ausencia, ocupaos en vuestra salvación con temor y temblor; porque Dios es el que en vosotros produce así el querer como el hacer, por su buena voluntad. Haced todo sin murmuraciones y contiendas, para que seáis irreprensibles y sencillos, hijos de Dios sin mancha en medio de una generación maligna y perversa, en medio de la cual resplandecéis como luminares en el mundo". Filipenses 2:12-15.

El le pide a Tito que instruya a la iglesia en el sentido de que, aunque debe confiar en los méritos de Cristo para la salvación, la gracia divina, morando en sus corazones, los inducirá a cumplir fielmente todos los deberes de la vida. "Recuérdales que se sujeten a los gobernantes y autoridades, que obedezcan, que estén dispuestos a toda buena obra. Que a nadie difamen, que no sean pendencieros, sino amables, mostrando toda mansedumbre para con todos los hombres ... Palabra fiel es ésta, y en estas cosas quiero que insistas con firmeza, para que los que creen en Dios procuren ocuparse en buenas obras. Estas cosas son buenas y útiles a los hombres". Tito 3:1, 2, 8.

Pablo trata de impresionar en nuestra mente el hecho de que el fundamento de todo servicio aceptable a Dios, así como la verdadera corona de las gracias cristianas, es el amor; y que únicamente en el alma donde reina el amor permanecerá la paz de Dios. "Vestíos, pues, como escogidos de Dios, santos y amados, de entrañable misericordia, de benignidad, de humildad, de mansedumbre, de paciencia; soportándoos unos a otros, y perdonándoos unos a otros si alguno tuviere queja contra otro. De la manera que Cristo os perdonó, así también hacedlo vosotros. Y sobre todas estas cosas vestíos de amor, que es el vínculo perfecto. Y la paz de Dios gobierne en vuestros corazones, a la que asimismo fuisteis llamados en un solo cuerpo; y sed agradecidos. La palabra de Cristo more en abundancia en vosotros, enseñándoos y exhortándoos unos a otros en toda sabiduría, cantando con gracia en vuestros corazones al Señor con salmos e himnos y cánticos espirituales. Y todo lo que hacéis, sea de palabra o de hecho, hacedlo todo en el nombre del Señor Jesús, dando gracias a Dios Padre por medio de él". Colosenses 3:12-17.

Capítulo 11—Una vida de progreso constante

Muchos de los que están buscando con sinceridad la santidad de corazón y la pureza de vida parecen perplejos y desanimados. Están constantemente mirándose a sí mismos, y lamentando su falta de fe; y debido a que no tienen fe sienten que no pueden aspirar a las bendiciones de Dios. Estas personas confunden el sentimiento con la fe. Miran por encima de la sencillez de la verdadera fe, y así traen grandes tinieblas sobre sus almas. Deben volver su mirada de sí mismos, y espaciarse en la misericordia y la bondad de Dios, repasando sus promesas, y entonces sencillamente creer que él cumplirá su palabra. No hemos de confiar en nuestra fe, sino en las promesas de Dios. Cuando nos arrepentimos de nuestras transgresiones pasadas de su ley, y resolvemos prestar obediencia en el futuro, debemos creer que Dios, por causa de Cristo, nos acepta y perdona nuestros pecados.

Las tinieblas y el desánimo a veces vendrán sobre el alma y nos amenazarán con abrumarnos; pero no debemos perder nuestra confianza. Hemos de mantener nuestros ojos fijos en Jesús, ora sintamos o no. Debemos tratar de realizar fielmente todo deber conocido, y entonces descansar con tranquilidad en las promesas de Dios.

La vida de fe

A veces un profundo sentimiento de nuestra indignidad estremecerá nuestra alma con una conmoción de terror; pero esto no es una evidencia de que Dios ha cambiado hacia nosotros, o nosotros hacia Dios. No debe hacerse ningún esfuerzo para hacer que el alma alcance cierta intensidad de emoción. Podemos hoy no sentir la paz y el gozo que sentimos ayer; pero por la fe debemos asirnos de la mano de Cristo, y confiar en él tan plenamente en las tinieblas como en la luz.

Satanás puede susurrar: "Eres muy pecador para que Cristo te salve". Aun cuando reconozcáis que sois verdaderamente pecadores e indignos, debéis hacer frente al tentador con el clamor: "En virtud de la expiación, yo reclamo a Cristo como mi Salvador. No confío en mis propios méritos, sino en la preciosa sangre de Jesús, que me limpia. En esta circunstancia aferro mi alma impotente a Cristo". La vida cristiana debe ser una vida de fe viva y constante. Una confianza que no se rinde, una firme dependencia de Cristo, traerá paz y seguridad al alma.

Resistamos la tentación

No os desaniméis porque vuestro corazón parezca duro. Todo obstáculo, todo adversario interno, solamente aumenta vuestra necesidad de Cristo. El vino para quitar el corazón de piedra y daros un corazón de carne. Mirad a él para recibir gracia especial a fin de vencer vuestras faltas peculiares. Cuando sois asaltados por la tentación, resistid con firmeza las malas insinuaciones; decid a vuestra alma: "¿Cómo puedo yo deshonrar a mi Redentor? Me he entregado a Cristo; no puedo hacer las obras de Satanás". Clamad al querido Salvador por ayuda para sacrificar todo ídolo, y para apartar de vosotros todo pecado acariciado. Que el ojo de la fe vea a Jesús intercediendo ante el trono del Padre, presentando sus manos heridas mientras ruega por vosotros. Creed que el poder os viene por medio de vuestro precioso Salvador.

Mirad con el ojo de la fe

Por la fe mirad las coronas preparadas para aquellos que venzan; escuchad el canto alborozado de los redimidos: ¡Digno, digno es el Cordero que ha sido inmolado y nos ha redimido para Dios! Tratad de considerar estas escenas como reales. Esteban, el primer mártir cristiano, en su terrible conflicto con los principados y potestades, y las potencias espirituales, exclamó: "He aquí, veo los cielos abiertos, y al Hijo del hombre que está a la diestra de Dios". Hechos 7:56. El Salvador del mundo le fue revelado como mirándolo desde el cielo con el más profundo interés; y la luz gloriosa del rostro de Cristo brilló sobre Esteban con tal refulgencia, que aun sus enemigos vieron su rostro brillar como el rostro de un ángel.

Si permitimos que nuestra mente se espacie más en Cristo y en el mundo celestial, encontraremos un poderoso estímulo y un sostén para pelear las batallas del Señor. El orgullo y el amor del mundo perderán su poder mientras contemplamos las glorias de aquella tierra mejor que tan pronto ha de ser nuestro hogar. Frente a la hermosura de Cristo, todas las atracciones terrenales parecerán de poco valor.

Que nadie se imagine que sin fervoroso esfuerzo de su parte podrá obtener la seguridad del amor de Dios. Cuando a la mente se le ha permitido durante mucho tiempo espaciarse sólo en las cosas terrenales, es difícil cambiar los hábitos del pensamiento. Lo que el ojo ve y el oído escucha, demasiado a menudo atrae la atención y absorbe el interés. Pero si queremos entrar en la ciudad de Dios, y mirar a Jesús y su gloria, debemos acostumbrarnos a contemplarlo con el ojo de la fe aquí. Las palabras y el carácter de Cristo deben ser a menudo el tema de nuestro pensamiento y de nuestra conversación; y todos los días debería dedicarse un tiempo a la meditación acompañada de oración sobre estos temas sagrados.

No silenciemos al espíritu

La santificación es una obra cotidiana. Que nadie se engañe pensando que Dios perdonará y bendecirá a los que están pisoteando uno de sus requerimientos. La comisión voluntaria de un pecado conocido, silencia el testimonio del Espíritu, y separa el alma de Dios. Cualquiera sea el éxtasis del sentimiento religioso, Jesús no puede morar en el corazón que desobedece la ley divina. Dios honrará a aquellos que lo honran.

"¿No sabéis que si os sometéis a alguien como esclavos para obedecerle, sois esclavos de aquel a quien obedecéis?" Romanos 6:16. Si cedemos a la ira, la concupiscencia, la codicia, el odio, el egoísmo, o algún otro pecado, nos hacemos siervos del pecado. "Ningún siervo puede servir a dos señores". Lucas 16:13. Si servimos al pecado, no podemos servir a Cristo. El cristiano sentirá las incitaciones del pecado, porque la carne codicia contra el Espíritu; pero el Espíritu batalla contra la carne, manteniéndose en una lucha constante. Aquí es donde se necesita la ayuda de Cristo. La debilidad humana llega a unirse a la fortaleza divina, y la fe exclama: "Mas gracias sean dadas a Dios, que nos da la victoria por medio de nuestro Señor Jesucristo". 1 Corintios 15:57.

Hábitos religiosos correctos

Si queremos desarrollar un carácter que Dios pueda aceptar, debemos formar hábitos correctos en nuestra vida religiosa. La oración diaria es algo esencial para el crecimiento en la gracia, aun para la vida espiritual misma, como lo es el alimento temporal para el bienestar físico. Debemos acostumbrarnos a elevar los pensamientos a menudo a Dios en oración. Si la mente vagabundea, debemos volverla de nuevo; por un esfuerzo perseverante, el hábito por fin se impone como algo fácil. No podemos, por un solo momento, separarnos de Cristo con seguridad. Podemos tener su presencia para asistirnos en cada uno de nuestros pasos, pero únicamente al observar las condiciones que él mismo ha establecido.

La religión debe convertirse en la gran ocupación de la vida. Cualquier otra cosa debe ser considerada como subordinada. Todas nuestras facultades, nuestra alma, cuerpo y espíritu, deben empeñarse en la guerra cristiana. Debemos mirar a Cristo para obtener fortaleza y gracia, y ganaremos la victoria tan seguramente como lo hizo Jesús por nosotros.

El precio del alma

Debemos acercarnos más a la cruz de Cristo. El arrepentimiento al pie de la cruz es la primera lección de paz que hemos de aprender. El amor de Jesús, ¿quién puede comprenderlo? ¡Es infinitamente más tierno y abnegado que el amor de una madre! Si queremos conocer el valor de un alma humana, debemos mirar con fe viva a la cruz, y así comenzar a estudiar cuál será la ciencia y el canto de los redimidos por toda la eternidad. El valor de nuestro tiempo y nuestros talentos puede ser estimado únicamente por la grandeza del rescate pagado por nuestra redención. Qué ingratitud manifestamos hacia Dios cuando lo despojamos de lo que le pertenece al no otorgarle nuestros afectos y nuestro servicio. ¿Es demasiado entregarnos a nosotros mismos a Aquel que lo ha sacrificado todo por nosotros? ¿Podemos elegir la amistad del mundo antes que el honor inmortal que

Cristo nos confiere, es a saber, "que se siente conmigo en mi trono, así como yo he vencido, y me he sentado con mi Padre en su trono"? Apocalipsis 3:21.

Una obra progresiva

La santificación es una obra progresiva. Los pasos sucesivos, según se los presenta en las palabras de Pedro, son los siguientes: "Poniendo toda diligencia por esto mismo, añadid a vuestra fe virtud; a la virtud, conocimiento; al conocimiento, dominio propio; al dominio propio, paciencia; a la paciencia, piedad; a la piedad, afecto fraternal; y al afecto fraternal, amor. Porque si estas cosas están en vosotros, y abundan, no os dejarán estar ociosos ni sin fruto en cuanto al conocimiento de nuestro Señor Jesucristo". "Por lo cual, hermanos, tanto más procurad hacer firme vuestra vocación y elección; porque haciendo estas cosas, no caeréis jamás. Porque de esta manera os será otorgada amplia y generosa entrada en el reino eterno de nuestro Señor y Salvador Jesucristo". 2 Pedro 1:5-8, 10, 11.

He aquí una conducta en virtud de la cual se nos asegura que nunca caeremos. Los que están así trabajando según el plan de la adición para obtener las gracias de Cristo, tienen la seguridad de que Dios obrará según el plan de la multiplicación al concederles los dones de su Espíritu. Pedro se dirige a los que obtuvieron la preciosa fe: "Gracia y paz os sean multiplicadas en el conocimiento de Dios y de nuestro Señor Jesús". 2 Pedro 1:2.

Por la gracia divina, todos los que quieren pueden ascender los brillantes escalones que unen la tierra con el cielo, y por fin "con alegría" y "gozo perpetuo" (Isaías 35:10), entrarán por las puertas en la ciudad de Dios.

Nuestro Salvador reclama todo lo que tenemos; pide nuestros primeros y más santos pensamientos, nuestros más puros y más intensos afectos. Si en realidad somos participantes de la naturaleza divina, su alabanza estará continuamente en nuestros corazones y en nuestros labios. Nuestra única seguridad es entregar todo lo que somos a él, y estar constantemente creciendo en la gracia y en el conocimiento de la verdad.

Pablo prorrumpe en un cántico de triunfo

El apóstol Pablo fue altamente honrado por Dios, al ser arrebatado en santa visión hasta el tercer cielo, donde observó escenas cuyas glorias no se le permitió revelar. Sin embargo, esto no lo indujo a la jactancia o a la confianza propia. Se daba cuenta de lo importante que era una vigilancia y una abnegación constantes, por eso dice claramente: "Sino que golpeo mi cuerpo, y lo pongo en servidumbre, no sea que habiendo sido heraldo para otros, yo mismo venga a ser eliminado". 1 Corintios 9:27.

Pablo sufrió por causa de la verdad; y sin embargo no oímos ninguna queja de sus labios. Al repasar su vida de trabajos, cuidados y sacrificios, él dice: "Pues tengo por cierto que las aflicciones del tiempo presente no son comparables con la gloria venidera que en nosotros ha de manifestarse". Romanos 8:18. A través de las edades llega hasta nosotros el cántico de victoria en que prorrumpe el fiel siervo de Dios: "¿Quién nos separará del amor de Cristo? ¿Tribulación, o angustia, o persecución, o hambre, o desnudez, o peligro, o espada? ... Antes, en todas estas cosas somos más que vencedores por medio de aquel que nos amó. Por lo cual estoy seguro de que ni la muerte, ni la vida, ni ángeles, ni principados, ni potestades, ni lo presente, ni lo por venir, ni lo alto, ni lo profundo, ni ninguna otra cosa creada nos podrá separar del amor de Dios, que es en Cristo Jesús Señor nuestro". Romanos 8:35, 37-39.

Aun cuando Pablo fue finalmente confinado en una prisión romana, privado de la luz y del aire del cielo, apartado de sus activas labores en el Evangelio, y momentáneamente esperaba la condena a muerte, sin embargo no se rindió a la duda o al descorazonamiento. Desde aquella celda tenebrosa resonó, poco antes de morir, su testimonio lleno de fe y valor sublimes, que ha inspirado los corazones de los santos y mártires de todas las épocas sucesivas. Sus palabras describen en forma adecuada los resultados de la santificación que hemos tratado de presentar en estas páginas. "Porque yo ya estoy para ser sacrificado, y el tiempo de mi partida está cercano. He peleado la buena batalla, he acabado la carrera, he guardado la fe. Por lo demás, me está guardada la corona de justicia, la cual me dará el Señor, juez justo, en aquel día; y no sólo a mí, sino también a todos los que aman su venida". 2 Timoteo 4:6-8.

Libros Disponibles en Amazon:

1. *Todos los libros de la Serie: El Gran Conflicto* en tamaño Grande (A4).
2. Daniel y Apocalipsis Urias Smith en tamaño Grande (8.5 * 11)
3. Historia de la Redención en tamaño Grande (A4).
4. Los Terroristas Secretos, Bill Hughes.
5. Cristología en los Escritos de Elena G. de White, Ralph Larson.
6. 1888 Reexaminado, Robert Wieland.
7. Introducción al Mensaje de 1888, Robert Wieland.
8. El Perfil de la Crisis Venidera (Compilación de los eventos finales) D. E. Mansell.
9. Preparación para la Crisis Final Fernando Chaij
10. El Camino Consagrado a la perfección cristiana, A. T. Jones.
11. Lecciones sobre la Fe, Jones & Waggoner.
12. El Mensaje del Tercer Ángel, Jones.
13. El Evangelio en Gálatas, Waggoner.
14. Tocado por Nuestros Sentimientos, Jean Zurcher.
15. La Palabra se Hizo Carne, Ralph Larson.

MUCHOS MAS VIENEN EN CAMINO!!!!!!
RECUERDA QUE TENEMOS UN CATALOGO DE LIBROS QUE PUEDE SER SOLICITADO SI NOS CONTACTAS AL CORREO ELECTRÓNICO

*Si desea obtener descuentos, solamente puede ser en orden conjunto mínimo de 25 libros o más ya sean copia singular de libros distintos o al por mayor. Favor de contactarnos a nuestro correo electrónico:

lsdistribution07@gmail.com

www.ingramcontent.com/pod-product-compliance
Lightning Source LLC
Chambersburg PA
CBHW050443010526
44118CB00013B/1652